通俗经济学鼻祖

• THE FOUNDER OF POPULAR ECONOMICS

罗伯特·弗兰克
Robert H. Frank

Robert H. Frank

从都铎家族弃子到常春藤名校教授

1945年，罗伯特·弗兰克出生在美国佛罗里达州的科勒尔盖布尔斯。他的生父是一名飞行员，生母来自科德角的一个显赫家族，亲外祖父是被称为"冰王"的弗雷德里克·都铎（Frederic Tudor）——19世纪新英格兰最富有的人之一，其本人的大幅油画肖像就挂在哈佛大学的贝克图书馆里。然而，因为生父早在家乡与别人订婚，无法与他的生母结婚，弗兰克一出生就被送给两位按摩师收养。虽然他从来没有饿着肚子睡过觉，但用钱总是很拮据。他从小就知道，想要某件特别的东西，就要凭借一己之力去赚取。他曾经为了赚钱在酒吧擦过皮鞋，在黎明前送过报纸。弗兰克的生活看似不如他的表兄妹幸福——他们很小就知道自己长大后会获得一笔数目不菲的信托基金，但这段经历使得他深刻地体会到，克服一切困难去争取自己想要的东西是多么重要。

1971年，读经济学博士研究生的第四年，弗兰克到新奥尔良美国经济协会的年度会议上寻找工作。那几天他恰巧生病了，挺着40度的高烧参加面试却依然得到了三所高校的青睐，最终他选择了常春藤名校康奈尔大学。

THE FOUNDER OF POPULAR ECONOMICS

全世界最受欢迎的经济学教材作者

参加工作的前三年,弗兰克的生活并不顺利,他离了婚,要一个人照顾两个未成年儿子,基本没有精力和心思投入学术研究。但第四年成为一个重要的转折点,他与成功的政策经济学家内德·格拉姆利克(Ned Gramlich)成了朋友。内德发现,弗兰克关于劳动力市场的一些想法很耐人寻味,所以鼓励他写一篇论述观点的文章。弗兰克写完后将这篇论文投给了经济学领域最负盛名、择稿最严格的《计量经济学》(Econometrica)杂志,不到两个月就收到了用稿信。随后,他对这一主题进行延伸扩展,又完成三篇论文并投给杂志社,很快就收到《美国经济评论》(American Economic Review)、《政治经济学杂志》(Journal of Political Economy)以及《经济学与统计学评论》(Review of Economics and Statistics)的用稿信。要知道,这些刊物的论文投稿选用率都是不到10%。

随后,弗兰克发表了大量学术论文,还撰写了多本经济学著作。其中,与美联储前主席本·伯南克(Ben Bernanke)合著的《宏观经济学原理》和《微观经济学原理》跻身"全世界最受欢迎的经济学教材"之列。

让经济学变得妙趣横生的博物经济学家

除了在研究领域获得骄人成果,弗兰克在教育领域也成就非凡,被誉为"全美最有趣的经济学课堂主讲教授"。他开设的微观经济学入门教程每年都会吸引 6 000 多名学生,他们通过这门课程体会到了学习经济学的乐趣。

通过与学生问答的方式,弗兰克收集了大量生活中的经济学问题。经过 20 多年的收集和整理,他完成了《牛奶可乐经济学》一书。不同于传统经济学著作中充斥着艰涩的数学公式,这本书通过一个个妙趣横生的生活事例,将经济学化繁复为精妙。该书在中国一经出版,就成为经济学类第一畅销书。随后,他又出版了《牛奶可乐经济学 2》《牛奶可乐经济学 3》《牛奶可乐经济学 4》《成功与运气》等作品。

《华盛顿邮报》这样评价他:弗兰克不是一位学术型经济学家,他主张经济学应该是一门根植于经验和观察的社会科学,而不是以数学为核心的硬科学。他所著的《牛奶可乐经济学》把经济学从数学中解放了出来,并为其在人们的日常生活中生根发芽提供了无限的能量。

弗兰克主要作品

作者相关演讲洽谈,请联系
BD@cheerspublishing.com

更多相关资讯,请关注

湛庐文化微信订阅号

 特别制作

湛庐 CHEERS

与最聪明的人共同进化

HERE COMES EVERYBODY

行为传染效应

[美] 罗伯特·弗兰克(Robert H. Frank) 著　龚咏泉 译

UNDER THE INFLUENCE

浙江教育出版社·杭州

你了解自己是如何受他人行为影响的吗?

扫码加入书架
领取阅读激励

- 我们生活的环境一直在以强大的方式影响着我们的行为，这种影响大多是（ ）。

  A. 积极的

  B. 消极的

- 总体来说，模仿他人的行为对我们有利吗？

  A. 有

  B. 无

扫码获取全部测试题及答案，
一起了解行为传染效应

- 相比异性朋友，夫妻间的一方发胖对对方的影响更大，这是真的吗？

  A. 真

  B. 假

扫描左侧二维码查看本书更多测试题

无论好坏,榜样都有巨大的影响力。
——乔治·华盛顿,1780年3月5日

推荐序

借助行为传染的力量更好地应对挑战

阎志鹏
上海交通大学上海高级金融学院教授
MBA项目联席学术主任

创办新东方初期，因为招不来学生，俞敏洪曾经花了半个小时说服了三名学生报名。但15分钟后，其中两名学生回来又把钱拿走了。后来他发现，最关键的是最先报名的那十个人，如果已有十个人报名，之后的招生就会容易得多；如果一个班已有三十个人报名，那后面的人基本上就不问了，来了就交钱。

俞敏洪发现的其实正是心理学中一个非常强大的效

应——"行为传染（behavioral contagion）"效应，即人们模仿他人行为的倾向。畅销书《牛奶可乐经济学》作者罗伯特·弗兰克在这本最新力作《行为传染效应》中用令人信服的证据表明：环境对我们行为的影响超出了多数人的认知，这种影响有时是正面的，但更多的时候是负面的；社会环境和行为之间的关系是双向的——环境深刻地影响着我们的行为，同时，环境本身也是行为的产物。

弗兰克最常引用的关于行为传染的例子是吸烟。他认为最能准确预测一个人未来是否吸烟的依据，是他身边朋友中吸烟者的比例。随着身边吸烟者朋友的比例上升，这个人吸烟的可能性也会上升。仅聚焦于二手烟危害以及吸烟增加了医疗费用，其实极大地低估了吸烟者对他人造成的伤害。一旦一个人决定成为吸烟者，他周围人吸烟的可能性就会大大增加，这才是吸烟最大的危害。不单单是吸烟，我们想买更大的房子、更豪华的车，以及酗酒、逃税、浪费能源等行为，都受到行为传染效应的影响。其实，中国的"孟母三迁""近朱者赤、近墨者黑"等典故也都是行为传染效应的体现。

那么，行为传染的主要根源是什么？首先，我们所有的感知、评估和决策都深受参照物的影响——人们喜欢比较。很多时候，比较的参照物就是我们的朋友、同事以及身份相似的人的行为。通用电气（GE）前总裁杰克·韦尔奇（Jack Welch）1960 年加入 GE 的时候年薪只有 1.4 万美元。一年半后，他得到了 1 000 美元的加薪。起初，他对加薪感到很开心。而得知自己所在小组的其他 6 人都涨了 1 000 美元的工资后，他感到非常失望，因为他觉得自己要比其他人出色得多。于是他提出辞职，打算加入另一家公司。幸好，在离开 GE 的欢送晚会上，他上司的上司说服他留下来，从此成就了一段传奇。

其次，弗兰克认为，源于同侪压力（peer pressure），人们会有模仿的冲动——别人有的，我也要有。例如，夫妻决定生养多少个孩子，就深受当地其他居民生育选择的影响；当周围的人都经常锻炼时，人们通常就更容易养成锻炼身体的习惯。著名社会心理学家罗伯特·西奥迪尼[1]在其全球畅销书《影响力》中曾引用了一句话："95% 的人都爱模仿别人，只有 5% 的人能率先发起行动，所以，要想说服别人，我们提供任何证据的效果都比不上别人的行动。"确实如此，预测人们安装太阳能电池板或购买电动汽车的意愿的最有力因素是身边已经这样做的人的数量。

---

[1] 罗伯特·西奥迪尼是全球知名的说服力研究权威，被称为"影响力教父"。其经典著作《影响力》风靡全球，被引述率高居社会心理学之冠。该书中文简体字版（全新升级版）已由湛庐引进，北京联合出版公司于 2021 年出版。——编者注

初识罗伯特·弗兰克，是阅读他的 The Economic Naturalist，其中文版书名为《牛奶可乐经济学》。看他的书让我有脑洞大开的感觉："为什么新娘通常花数千美元买一套她们永不再穿的婚纱，新郎却往往租用便宜的礼服——哪怕以后有很多场合都可能会用得上它？""为什么打开冰箱时，冷藏室会亮，冷冻室却不会亮？""为什么牛奶装在方盒子里卖，可乐却装在圆瓶子里卖？"……

《牛奶可乐经济学》中的多数内容源自弗兰克的学生在其经济学课上提出的有趣话题。而这本《行为传染效应》则是弗兰克自己多年研究思考的成果，书中处处可见他作为一名学者的情怀与责任感：**审视一个人所处的社会环境比观察一个人的性格特质更能预测他未来的行为，因此我们有充分的理由运用政策工具来塑造环境，使其为人类的利益服务。**针对环境保护，弗兰克认为税（如庇古税和累进消费税）通常比其他监管措施更有效，且不那么让人反感。

我相信，所有个人，无论你是想减肥，还是想戒烟，或是想利用目标客户的朋友圈宣传新产品，都能从这本书中学到有价值的东西。

如果你是政策制定者，这本书也能提供全新的视角：如果考虑行为传染效应，我国是否要大幅提高烟草税并将多征收的税用来减免其他税费？如何宣传并鼓励年轻人多生育？如何抑制攀比性消费（如超出经济能力的订亲彩礼）？

由于年龄原因，这本书很可能是弗兰克的最后一本书。书的英文名为 *Under the Influence*，直译为"影响之下"。我认为在一定程度上，本书可以和西奥迪尼的《影响力》相媲美。巴菲特的老搭档查理·芒格在阅读了《影响力》后，立刻给自己的每个子女都送了一本，并且赠送给西奥迪尼 1 股伯克希尔股票，以感谢他为自己及公众所作的贡献。按照 2024 年 5 月的股价，1 股价值约为 60 万美元。

我相信阅读过弗兰克的这本书后，你一定会觉得物超所值！它将改变我们应对种种巨大挑战的思考方式与行动！让我们行动起来，用行为正向影响他人！

序言

行为传染塑造社会环境

人与人之间的联系比大多数人意识到的要更加密切,这并不是一个新鲜的观点。

1929年在匈牙利作家弗里杰斯·卡林西(Frigyes Karinthy)的短篇小说《链》(*Chains*)中,两个主要人物做出了这一猜想:任意两个人都可以由不超过5个熟人构成的"链条"联系起来。这些"链条"的存在并不让人惊讶,大多数人都能够想起远方的某些人通过少数中间人组成的"链条"与自己发生联系。"卡林西猜想"的引人注目之处在于,他发现几乎任意两个人(A和E),都可以通过"A认识B,B认识C,C认识D,D又认识E"这样一根"链条"连接起来。

心理学家斯坦利·米尔格拉姆（Stanley Milgram）在20世纪60年代所做的一系列实验，是系统性地对这一猜想进行测试的早期努力之一。在其中一个实验中，他从内布拉斯加州奥马哈市的电话号码簿中随机抽取了96个人，给他们每人寄送了一个装有小册子的包裹，并附信请他们通过各自的熟人把小册子转寄给位于马萨诸塞州波士顿市的一位居民。这位波士顿居民是一名股票经纪人，米尔格拉姆在信中注明了他的姓名和收件地址，并建议参与实验的人选择与自己关系足够亲近的人作为链条的起点，且这个人在居住地和职业上与这位波士顿居民尽量接近。在收到包裹之后，这96个人的熟人再继续按同样的规则转寄包裹。

毫无疑问，这96个人中有不少人会在收到包裹后就直接将其扔进垃圾桶。但即便如此，这位波士顿居民最后仍收到了96个包裹中的18个，这是个足以令人惊叹的数字。这18根链条的平均链接数为5.9，也就是说，这18个包裹平均经过了近6人组成的"链条"，最终到达这位波士顿居民的手中。

然而，直到几十年后的1990年，在由约翰·瓜尔（John Guare）改编的同名戏剧登陆百老汇后，如今大家所熟悉的"六度分隔理论"才变得广为人知。到了1994年，当奥尔布赖特学院的学生们推出"凯文·贝肯的六度关系"游戏时，这个理论已经成了人人争相传播的概念。"凯文·贝肯的六度关系"游戏用于评估一个演员（无论在世还是死亡）与美国电影明星凯文·贝肯（Kevin Bacon）在职业上的"接近度"。例如，如果某位演员与贝肯出现在同一部电影里，则其贝肯数为1，而如果另一位演员与贝肯数为1的演员出现在同一部电影中，则其贝肯数为2，依此类推……实验者在对实验中的所有演员标注贝肯数后，计算得出平均贝肯数为2.955。在这个群体里，即便是距离贝肯最"远"的演员，威廉·鲁弗斯·沙夫特（William Rufus Shafter），其贝肯数也不过是7。沙夫特更广为人知的身份是美国南北战争时期的南部军队的一名将军，他仅仅曾在1898年出演过两部电影。

直到1998年，六度分隔理论才得到研究社会联系的学者的关注。那一年，社会学家邓肯·J.瓦茨（Duncan Watts）[①]和数学家史蒂夫·斯托加茨（Steven Strogatz）[②]在《自然》杂志上发表了他们的标志性论文《"小世界"网络的集体动力学》（Collective Dynamics of Small-World Networks）。这

[①] "小世界"网络之父，网络科学奠基人之一；曾任雅虎研究院和微软研究院首席科学家；哥伦比亚大学教授，影响全世界的康奈尔大学"A. D. 怀特博文讲座教授"，宾夕法尼亚大学工程学院、传播学院和沃顿商学院教授，研究横跨工程学、商学、社会科学三大领域。其著作《反常识》中文简体字版已由湛庐策划、四川科学技术出版社于2019年9月出版。——编者注

[②] 康奈尔大学应用数学系教授、知名数学家。其著作《微积分的人生哲学》中文简体字版已由湛庐策划、中国财政经济出版社于2022年8月出版。——编者注

篇论文为社会科学家的分析工具提供了数学基础，他们用这些工具来研究思想和行为如何像传染病一样在人群中传播，这些研究获得了令人惊叹的成功。截至2020年，这篇论文已经累计被引用超过3.8万次，在公开发表的论文中，它是少有的被跨学科引用次数最多的论文之一。

文化传播中的模因

1976年，演化生物学家理查德·道金斯（Richard Dawkins）[①]在其著作《自私的基因》（*The Extended Selfish Gene*）一书中，创造性地提出了一个术语"模因"（meme）。《韦氏词典》（*Merriam-Webster*）将其定义为"在同一种文化里，人与人之间互相传播的思想、行为、风格或习惯"。道金斯认为，模因之于文化传播，就像基因之于生物传播一样。

达尔文的核心洞察之一是：自然选择有利于那些能提高个体生物生存和繁衍能力的基因变异。在很多时候，这种变

---

① 在《自私的基因》之后，道金斯又创作了另一部经典著作《基因之河》及其自传《道金斯传》。《基因之河》分享了道金斯对生物学、进化论与基因的最新思考，揭示出清晰的基因真相；《道金斯传》则讲述了他的童年生活和科学生涯，生动地体现了一个生物学家的世界观。这两本书的中文简体字版已由湛庐策划，分别由浙江人民出版社于2019年10月、北京联合出版公司于2016年6月出版。——编者注

异会有利于更大的群体，但也不是一直如此。举个例子，在没有人监督的情况下，个体作弊对作弊者个人有利，但普遍作弊几乎一定会有损于整个群体。模因也是如此：**最成功的文化传播常常是那些既有利于个体也有利于群体的模因**。当然，也并非一直如此。法律学者杰弗里·斯特克（Jeffrey Stake）曾说："思想不应被视为静态的产品，而应被看作可以对周边环境产生影响的、有生命的事物。有些思想比其他思想更易于流传，但是流传下来的思想并不一定都对人类有益。"

人们往往很难判断某种行为是否符合模因的标准，以及其最终产生的结果究竟是正面的还是负面的。然而，有些时候证据却是很明显的。

比如，我们知道，预测一个人未来是否会吸烟最有力的指标之一是他身边朋友中吸烟者的比例。因此，吸烟显然属于一种模因。吸烟对健康的负面影响已经有确凿的记录，并且大多数吸烟者也对自己吸烟的行为表示过后悔。可以说，吸烟明确符合社会破坏性模因的标准。

再比如，我们有强有力的证据表明，采用光伏发电不但具有社会传染性，而且对环境的影响也几乎都是积极的，因此，很少有人会反对把光伏发电称为社会有益性模因。

鼓励社会有益性模因符合公共利益

"竞争性市场能够产生最大的利益。"人们在为这个观点进行辩护时,常常把经济学之父亚当·斯密的这句话搬出来。但那从来就不是亚当·斯密的观点,他最具代表性的观点其实是:人在追求个人利益最大化的同时,常常会促进社会公共利益的增长,但并不总是如此。不同思想之间的竞争也遵循同样的规律,好的思想经常会胜出,但不能想当然地认为不同思想之间的竞争一定会有利于公共利益,尤其是短期利益。我在本书中的核心主张是:**我们在制定公共政策时,鼓励社会有益性模因并遏制社会破坏性模因是符合社会公共利益的,这些利益对我们而言不仅非常重要,而且极其正当。**

许多人坚持认为,选择拥护哪种思想或模仿哪种行为,纯粹是个人的事情。因此,一些抱有这种想法的人可能会反对我的上述主张。我能理解他们这种立场背后的敏感情绪,毕竟没有人愿意生活在一个"奥威尔"保姆式[①]的国家。对此,我会在后文中解释为何"对足以影响我们选择的社会力量施加某种集体控制"这一行为符合社会公共的利益,并说明为何做不到这一点就会威胁到我们的基本生存状态。

[①] "'奥威尔'保姆式"一词衍生自英国知名作家乔治·奥威尔(George Orwell)的名字,意指现代保守政体借宣传、误报、否认事实、操纵历史的形式进行社会控制,手段包括危机冷处理、堂而皇之地报道与大多数人记忆中的情况不相符的"事实"等。——译者注

序　言　　行为传染塑造社会环境

　　人类正面临的生存威胁之一是气候危机。联合国政府间气候变化专门委员会（Intergovernmental Panel on Climate Change，IPCC）2018年10月在报告中指出，如果没有果断采取有效措施来减少温室气体的排放，那么到2040年地表平均温度将上升到一个灾难性的水平。虽然气候预测模型可能并不准确，气温实际上升的幅度可能远远低于或高于预测值，但即使当前全球平均温度较工业化前水平仅仅上升了1摄氏度左右，也已经导致人类历史上罕见的洪灾、旱灾和火灾等灾害的出现。正如戴维·华莱士 - 韦尔斯（David Wallace-Wells）在《不宜居的地球》（*The Uninhabitable Earth*）一书的开场白中所言："情况比你想象的还要糟糕，并且糟糕得多。"

　　不同的国家对这一威胁的应对也有所不同。在美国，"绿色新政"的支持者提出了扩大化的立法议程，旨在同时应对气候变化和经济不平等的问题。但是，包括批评者在内的很多人认为，同时处理这两个问题只会更容易导致两个问题都得不到妥善的解决。"绿色新政"的支持者对此反驳说，经济不平等现象所造成的影响正在加剧，除非制定政策减小这种影响，否则将无法建立起足够广泛的政治联盟来打破目前的僵局。

　　心理学家把模仿他人行为的倾向称为行为传染，而对行

XIII

为传染的力量更深刻的理解，显示出"绿色新政"并不像那些批评者所认为的那样不切实际。人与人之间产生互相影响的最昂贵的方式之一，是支持他人做出极度浪费的消费决策。举个简单的例子，因为驾驶相对轻型的汽车更危险，所以人们会倾向于购买更重型的乘用车，但是当大家都去购买更重型的汽车时，每个人因交通事故而受伤甚至死亡的风险都在增加而非减少。我们发现，对行为传染会如何放大消费模式的理解，有助于我们制定出简单易行的政策，每年引导数万亿美元资金由投向传统能源改为投向零碳排放的新能源项目，而无须要求任何人做出痛苦的牺牲。同时，这些政策还可以缓和经济不平等现象，并有助于创造出更好的就业机会。这就是我要提出的观点。

在熟悉的场景重复观察和使用是最好的学习方法

在进一步论证之前，我需要先谈谈后面几个章节的内容。大多数关于写作的书都提倡语言要简洁，比如，著名的《风格的要素》（the Elements of Style）一书中的第 17 条规则就劝诫每位作者"删掉冗余的词语"。在大多数情况下，我会在语句和主题的选择中都遵循这一规则。

《风格的要素》最初由威廉·斯特伦克（William Strunk）教授撰写于 1918 年。1959 年，在斯特伦克教授逝世 13

年之后，他的学生、《纽约客》杂志的长期撰稿人 E. B. 怀特（E. B. White）对此书进行了修订。该修订版通常被称为《斯特伦克与怀特》。怀特在序言中描述了斯特伦克在课堂上讲授第 17 条规则时令人印象深刻的情景："当他（斯特伦克）在课堂上做关于简洁的演讲时，他会伏身靠在讲台上，双手握住外套的翻领，用低沉而意味深长的声音说：'第 17 条规则是，删掉冗余的词语！删掉冗余的词语！删掉冗余的词语！'"

那么为何斯特伦克要将"删掉冗余的词语"连说三次呢？怀特认为，那是因为斯特伦克教授极其擅长有效地删除冗余的词语："我在他的课堂上时，他常常删除许多无用的词语，并且是坚定、热切甚至欢欣鼓舞地删除了它们，以至于他几乎要将自己推向一个词穷的境地，即没有更多要说的话，却还留有大把时间，就像是一个电台导播提前放完了所有的音乐。"

我的教学经验却为我提供了另一种对于此事的解释的灵感。在本书第 10 章，我将谈到虽然每年有数百万的学生学习经济学的入门课程，但大家对这门课的印象似乎都不深的情况。我认为导致这种尴尬情况产生的主要原因，是讲师们总是试图向学生灌输太多的内容。他们总是自问："我今天能给学生们讲授多少知识呢？"当他们成功地在 1 小时之

XV

内快速讲完100多页的幻灯片时，他们会对自己感到满意。他们恨不得在1小时内讲完经济学家们在过去两个世纪里写下的所有经济学理论，但这会让绝大多数学生都仿佛置身于云里雾里。

研究学习方法的学者都不建议使用这种教学方法。因为我们每天都被数千兆字节的信息轰炸，所以我们的大脑已经"配置"了一种潜意识过滤器，只有那些反复触达大脑意识层的信息才会被我们注意到。只有在这个时候，我们的大脑才会认为这些信息非常重要，值得为之构建新的神经通路。

简而言之，斯特伦克之所以将第17条规则重复了3遍，我猜测是因为在直觉上他明白这样的重复可以加深学生对此的记忆。至少在前文中关于经济学基础课的例子里，这个处理方式使经济学这门课程的学习变得更轻松，毕竟最有价值的基本经济原理就那几个。我的经验是那些能够在一些熟悉的场景中坚持重复地观察和使用这些重要经济原理的学生，只需不到一个学期的时间就能以较高水平掌握它们。

我之所以引用这个例子，是为了解释为什么我在本书引言以及后面的大部分章节都提到了吸烟这一模因，它可能是我对影响我们生活的社会公共政策进行论述的最简单、最少争议的例证。虽然我将讨论的其他一些例子可能会引发争议，但正如我将要解释的，这些例子在相关细节上都与吸烟的例子非常类似。

在本书中，我将重复提及的一个话题是"整体认知幻觉之母"。我用它来描述许多富人笃信的观点：高税率会迫使他们做出痛苦的牺牲。但这种观点显然是错的。连富人自己都承认，他们所拥有的财富远远超出了一个人几辈子的需求。但很多富人不明白的是，高税率并不会削弱他们购买特殊的额外商品的能力。因为这些商品一成不变地处于短缺状态，所以这意味着要与那些有同样需求的人竞争才能获得这些商品，富人完全没意识到获得这些商品的能力取决于富人之间的相对可支配收入，而相对可支配收入全然不受高税率的影响。

富人之所以认为高税率会损害他们的利益，是因为他们知道高税率会减少他们的可支配收入的绝对金额。然而只有当别人的收入保持不变，而他们的收入却在下降的时候，比如遭遇生意失败、家中失火、健康危机以及离婚等情形，他才很难成功竞标那些特殊的短缺商品。但当所有富人都须缴纳高额税金时，情况就完全不同了：拥有 360 度全景视野的豪华公寓仍然会落入同一个人手中。

我将重复谈及的另外两个话题，它们在书中发挥的作用各不相同。我在过去数十年的研究都聚焦于此：社会环境如何影响消费模式？如何在最残酷的竞争环境中始终保持真正的诚实？因为我对这两个问题的回答高度依赖于各种社会力量，所以在写这本关于行为传染的书时不可避免地会提及这两个话题。在第3章，我会简单地总结我在"信任"方面所做的研究及其在备受关注的避税问题上的应用；在第5章，我将回顾我在研究"社会环境如何影响消费模式"方面的工作成果，并阐述我们如何按对自身有利的方式来改变消费模式。

目 录

推荐序　借助行为传染的力量更好地应对挑战　/I
　　　　　　　　　　　　　　　　　　　阎志鹏
　　　　　　　　　　　　上海交通大学上海高级金融学院教授、
　　　　　　　　　　　　　　　　MBA 项目联席学术主任

序言　行为传染塑造社会环境　/VII

引言　学会正视行为传染在生活中的关键作用　/001

吸烟者爸爸为何能培养出不吸烟的孩子　/002
什么是控烟措施最大的益处　/003
行为传染效应在吸烟行为中的危害　/006
社会环境对人类行为的强大影响力　/009
人类决策与环境因素高度相关　/014
"看不见的手"并不神奇　/015
个体选择所带来的社会性危害　/020
行为外部性干扰着人们的重大决策　/023

第一部分　行为传染的起源

第1章　环境如何塑造感知 /031
被感知欺骗过的"陷阱" /036
选择困难与损失厌恶 /044

第2章　模仿的冲动 /053
行为模仿和情绪传染 /055
我们的选择深受他人的影响 /066

第二部分　行为传染效应既是问题，也是答案

第3章　对惩罚的恐惧让你成为一个更可信的人 /075
同情心的成本 /078
值得被信任的信号 /086
道德领域的行为传染 /089

目录

第4章　朋友的习惯也会变成你的习惯 /101

　　行为传染与吸烟　/105

　　行为传染与肥胖症　/110

　　行为传染与饮酒　/117

第5章　对商品意义的理解，决定了你的消费模式 /125

　　消费中的"位置性商品"/127

　　令人焦虑的"相对位置"/143

　　支出瀑布下的财务危机　/156

第6章　对生活方式的选择，影响着能源消耗总量 /165

　　行为传染与温室气体排放　/168

　　行为传染与能源消耗　/173

　　行为传染与能源节约　/180

　　气象灾害与公共政策　/185

第三部分　让行为传染效应发挥积极的作用

第7章　运用政策工具来塑造环境 /195
监管符合社会利益 /198
在监管决策中纳入行为传染的因素 /207

第8章　创造更具鼓励性的环境 /217
高效且公平的庇古税 /220
采用庇古税清除负面的行为外部性 /228
用合理的方式解释政策的推行 /229
采用累进消费税抑制支出瀑布 /239
默认选项与助推 /248

第9章　正确理解和运用"整体认知幻觉之母" /257
无可辩驳的"事实"也可能是错觉 /261
有悔恨地偏离理性选择与无遗憾地偏离理性选择 /268

目 录

第10章 用高质量的提问促成持续有效的对话 /279

通过策略性的沟通创造更大的共识 /284

积极的对话有助于重大政策的推行 /288

后记 用行为传染的力量造福人类 /315

译者后记 行为传染效应与人类社会的重大关联 /327

引 言

学会正视行为传染在生活中的关键作用

我的四个儿子都已成年,他们中没有一个人是吸烟者。我曾对我的一个朋友说,如果我的儿子们在我成长的那个年代里长大成人的话,应该至少有两人会养成吸烟的习惯。

当时,我的一个儿子克里斯正好在现场,他立刻问我:"那你觉得我们中的哪两人会成为吸烟者呢?"

"我几乎可以肯定戴维(我的大儿子)会吸烟,"我说,"没准儿海登(我的小儿子)也会染上吸烟的习惯。"我接着说:"不管出生在哪个年代,贾森应该都不会吸烟的。"

克里斯佯装不悦。作为音乐人,他已经在纽约工作了近 10 年，在他的那个圈子，吸烟是件很时髦的事情，这几乎和我年轻时候的圈子一样。克里斯觉得如果出生在我的年代，他也许会变成吸烟者。

吸烟者爸爸为何能培养出不吸烟的孩子

我从 1959 年开始吸烟，那年我才 14 岁，但我身边很多同龄朋友已经是有多年烟龄的老烟民了。我的父母并不希望我染上烟瘾，但因为他们自己就是老烟民，所以他们对我吸烟行为的反对对我来说基本上毫无作用。在那个年代，美国有 60% 以上的人吸烟。换言之，那时候吸烟是件非常普遍的事情。

但是即便在那个年代，大多数吸烟者也似乎并没有真正从吸烟这件事上获得过快乐。今天，大约有 90% 的吸烟者因为染上了烟瘾而感到后悔，大约 80% 的吸烟者表达过戒烟的愿望，每年都有大约 50% 的吸烟者尝试过戒除烟瘾，但是其中只有不到 5% 的人成功。因此，我很庆幸自己能在上大学之前戒掉吸烟的习惯。

为什么我的父母未能阻止我成为吸烟者，而我能成功地培养出不吸烟的孩子呢？这是因为现在的环境与我当年的环境相比简直是天差地别。迄今为止，最能准确地预测一个人未来是否会吸烟的指标，是他身边朋友中吸烟者的比例。如果一个人身边吸烟朋友的比例从 20% 上升到 30%，那么未来他吸烟的概率就会上升 25%。在我的青少年时期，身边的多数朋友都是吸烟者；但是在我四个儿子的同龄朋友里，却几乎没有人吸烟。2017 年，美国仅有 18.6% 的男性和 14.3% 的女性是吸烟者。

今天这种不同于往日的社会环境得益于税收、禁令和其他抑制吸烟的监管措施。20 世纪 50 年代，在美国的一些地方，你只要花上不到 25 美分（相当于今天的 2.15 美元）就可以买到一包骆驼牌香烟；然而今天，在美国的很多地方，各种税收措施已经把同样一包骆驼牌香烟的价格推高到了 10 美元以上，纽约市有关部门甚至将香烟的法定最低售价定在 13 美元。2010 年以后，美国政府曾发布过禁止在饭店、酒吧等室内公共场所吸烟的禁令，有些地方甚至还禁止在室外公共区域吸烟。相关部门还曾花数十亿美元在各大媒体上发布控烟公益广告以劝阻人们吸烟。

什么是控烟措施最大的益处

当然，由于长期以来美国民众对社会工程[①]的反感，美国政府在推出以上这些措施时，都曾遇到过各种阻力。当民

---

① 在美国，社会工程是指通过政府干预和规划社会、经济以及文化领域，以实现特定目标或改变社会结构和行为模式的行为。——编者注

众要求政府解释这些措施的合理性时，政府部门往往会搬出一个老套的说辞：限制一部分人的个人自由，是避免让其他无辜民众遭受不应有伤害的唯一途径。

在作解释时，相关部门经常援引一个对无辜民众造成伤害的例子作为其实施控烟措施的第一个理由：二手烟会对周围人群造成防不胜防的伤害。这种解释类似于要求在汽车上安装尾气净化装置的理由：我们需要这种装置，以避免汽车尾气对其他市民造成伤害。

即使是严格的自由主义者，原则上也会赞同这种逻辑的合理性，西方世界（可能是）最能言善辩的个人自由的捍卫者约翰·斯图亚特·密尔（John Stuart Mill）在《论自由》（On Liberty）一书中就曾写道："人类可以个别地或集体地对任何人的行动自由进行干涉，其唯一正当理由是旨在自我保护。对于文明群体中的任何一名成员，可以违反其意志而正当地行使权力的唯一目的，就是防止对他人的伤害。至于这个人自己的好处，无论是物质上的还是精神上的，都不是充足的正当理由……对于他自己，对于他的身体和心智，个人乃是最高主权者。"[1] 为应对自由主义者的反对意见，相关部门援引了二手烟有害理论来为其推出的控烟措施进行辩护，与此同时，他们坚称这些控烟措施并非出于避免吸烟者因吸

---

[1] 译文摘自译林出版社 2012 年版《论自由》。——编者注

烟而伤害到自己的目的。事实上，已经有确凿的证据证明二手烟有害他人健康。

但是，二手烟有害他人健康的理论真的能为控烟措施的合理性提供佐证吗？除非你在一个没有通风系统的拥挤的酒吧上班，否则，二手烟给他人带来的伤害程度远远小于吸烟对吸烟者本人造成的伤害。数据显示，在美国，肺癌导致死亡的病例中，有85%的人可以归因为主动吸烟，而剩下的死亡案例中也仅有非常小的比例与被动吸烟有某种关系。因此，就实际效果而言，这些控烟措施对保护吸烟者免受自身伤害的作用远大于保护暴露于二手烟环境中的无辜民众。

实施控烟措施的第二个理由，是为了减少纳税人的负担。这个理由可以在美国46个州的检察官以及其他美国公民于20世纪90年代对烟草公司提出的诉讼案件里面找到一些踪迹。美国的医疗补助是由包括吸烟者和非吸烟者在内的纳税人来买单的，而在这些法律诉讼案件里，损害赔偿都是以吸烟给医疗补助制度增加的负担作为计算依据的。这些诉讼案件当事各方在1998年达成了《总和解协议》(*Master Settlement Agreement*)，此协议让每包香烟在美国市场上的平均售价上涨了25美分。不过，围绕吸烟者是否真的增加了纳税人负担这个问题，仍然存在相当大的争议。比如，经济学家基普·维斯库斯（Kip Viscusi）就认为，吸烟者往往早逝，平均死亡年龄为 65 岁，从而为联邦和州政府节省了大量资金。

仅聚焦于二手烟危害以及吸烟增加了医疗预算压力，其实极大地低估了吸烟者对他人造成的危害。一旦一个人决定成为吸烟者，他周围的人吸烟的可能性就会大大增加，这才是吸烟最大的危害。

当某个人开始吸烟，这意味着他的每个朋友的圈子都增加了一个吸烟者。也就是说，他的每个朋友吸烟的可能性都增加了。而新吸烟者又会在各自的圈子里继续扩散烟瘾，依此类推。并且，除了让周围人群成为吸烟者的概率变高之外，每个新吸烟者也会很实际地带来与二手烟相关的种种危害。

简而言之，在政府部门采取措施阻止人们吸烟的时候，二手烟给其他人造成的伤害和政府医疗预算上升而带来的压力会减少，但这种好处在控烟措施所能带来的全部益处中，仅仅是非常微小的一部分而已。

行为传染效应在吸烟行为中的危害

由于施行了不鼓励吸烟的税收政策和其他控烟监管措施，今天美国的社会环境与我年轻时已经截然不同。尽管如此，如今美国仍有超过 15% 的成年人长期吸烟，甚至在某些群体（如低收入人群）里，吸烟的成年人比例远高于 15%。那么，政府监管部门是否应该采取更严格的控烟措施呢？如果仅仅基于二手烟危害和医疗预算压力这两个理由来推行更严格的控烟措施，政府很难获得公众支持；然而，如果我们全面考虑行为传染所造成的危害，成本和收益的平衡就会有所不同。

然而，许多反对控烟政策的人迅速辩称，行为传染并不能证明政府干预的合理性。他们认为，保护一个因被动吸入二手烟而导致哮喘病恶化的患者是一回事，但仅仅因为某人的吸烟行为可能导致其他人吸烟的概率提高而对其进行惩罚，则是另外一回事。他们坚持认为，成年人有自主行为能力，是否吸烟属于个人而非政府的决策权限。

上述观点具有明显的语言蛊惑力。的确，比起那些被动接受二手烟的人，作出是否吸烟决策的人，在行为上具有更大的自主性。而且在其他因素相同的情况下，政府部门为后一种情况寻找伤害证明的困难程度，必然会比前一种情况更高。

行为传染导致的结果同时还会伤害到许多在现实中根本无法回避这种伤害的人。比如那些已经采取了一切合理的措施以阻止他们的孩子吸烟的父母，大家不会怀疑这些父母追求这一目标的合理性,因为吸烟对健康有害已经成为共识。然而,统计数据清楚地表明,在吸烟者比例越高的环境里,就会有越多的父母劝阻失败。这些父母,就像那些二手烟的受害者一样,不可避免地会因为没能阻止自己的孩子吸烟而郁郁寡欢。这种精神伤害难以量化,但肯定是不可忽视的。而且,受到伤害的不仅仅是父母,每一个因吸烟而过早去世的人都会让他的朋友和亲人们伤心不已。

此外,需要考虑的是,即使在吸烟者中,控烟措施似乎也颇受欢迎。在2005年的一项研究中,经济学者乔纳森·格鲁伯(Jonathan Gruber)和塞德希尔·穆来纳森(Sendhil Mullainathan)[①]发现,吸烟倾向强烈的人更喜欢在烟草税更高的地区生活。如果你还记得前文中提到的"大多数吸烟者对自己吸烟的行为感到后悔"的观点,这一研究结果也就不足为奇了,毕竟更严格的控烟措施更有利于吸烟者戒除烟瘾。

当合法的意愿之间发生冲突时,无论我们朝哪个方向转向,都会令一部分人行动的自由受到限制。因此,我们很难援引"个人权利"和"自主行为能力"等口号,来反

[①] 哈佛大学终身教授,哈佛大学行为经济学领域重要领头人,致力于用行为经济学帮助人们解决各种社会问题。其经典著作《稀缺》的中文简体字版已由湛庐策划、浙江人民出版社于2022年10月出版。——编者注

驳行为传染的危害构成了对烟草行业加强监管的理由的主张。对行为传染更冷静的思考，需要我们仔细地分析如何在有冲突的自由之间取得某种平衡，这需要我们就有关自由意志和其他复杂的哲学议题展开艰难的讨论。

这种讨论有没有价值呢？其实，行为传染不仅存在于是否吸烟这样的问题上，而且在其他很多对我们的生活至关重要的决策中也发挥着关键作用。如果我们可以正视行为传染的关键作用，回答上述问题就变得易如反掌了。

社会环境对人类行为的强大影响力

我们所生活的环境一直在以强大的方式影响着我们的行为，有时候这种影响是积极的，但大多数时候则不然。能促进健康的行为（包括适量饮食和定期锻炼等）往往难以坚持，其原因在于，采取这些行动的好处并非立竿见影，而是要经过长期的努力，才会逐步显现出来。但人类跟大多数其他动物一样有短视的倾向，我们总是高度重视近在眼前的奖励和惩罚，对那些长时间之后才能见效的事情却往往视而不见。但是，对大多数人而言，如果生活在一个居民普遍保持健康行为的社区，就更容易养成健康的行为习惯。反之，正如最近的一项研究所发现的，军人如果被派往肥胖率高的地区，就更容易变胖。

社会心理学家常说"环境造就人"。他们认为,当人们试图解读一个人的行为时,经常过度关注其能力、个性等内在因素,却忽视外部环境因素的影响。社会心理学家称之为"基本归因误差"。

在所罗门·阿什(Solomon Asch)于20世纪50年代做的一些实验中,基本归因误差得到了生动的体现。阿什设计这些实验的初衷是评估特定环境因素会在多大程度上让人们忽视自己感知到的明确依据,而任由外部环境因素来影响自己的判断。

行为传染实验室

在其中一个实验当中,1名被试与阿什的7名合作伙伴会被问到,在一张图(见图0-1)中,右边方框里的3条线段中的哪一条与左边方框中的线段长度相等?这本来是一个非常简单的问题,因为即使随便看上一眼,也不难发现右边方框中的线段2是唯一的正确答案。但是,当阿什指使他的7名合作伙伴一致选择线段3作为答案后,剩下这名被试有37%的概率也会选择线段3。而当阿什支开他的7名合作伙伴,单独问剩下的被试同样的问题时,结果仅有不到1%的被试会答错。

引　言　学会正视行为传染在生活中的关键作用

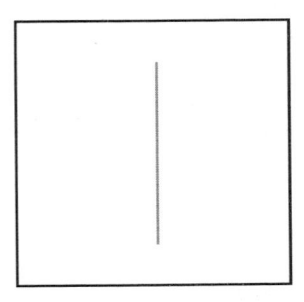

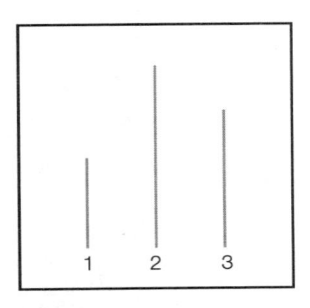

图 0-1　阿什实验

所有了解阿什实验的人都坚信，自己的判断力不可能像上述被试那样被环境因素所左右，但是，阿什却向我们展示：相当多的人都会低估外部环境对自己的影响。人们的言行常常严重依赖于他们身处的社会环境。

行为传染实验室

20世纪60年代，心理学家米尔格拉姆做了一系列以戏剧化的方式来展示社会环境影响力的服从权威实验。[①] 在这些实验中，包括了实验设计者实施的一个学习型小练习，每次实验有3名参与者，分别是实验设计者（米尔格拉姆本人，以下简称"E"）、老师（被试，以下简称"T"）和学生（米尔格拉姆的合作伙伴，以下简称"L"）。

---

① 社会心理学家托马斯·布拉斯（Thomas Blass）在《好人为什么会作恶》一书中揭秘了米尔格拉姆的一生，并详解了社会心理学经典实验——服从权威实验，揭露了令人震惊的人性真相，其中文简体字版已由湛庐策划、浙江人民出版社于2017年10月出版。——编者注

在实验中（见图 0-2），E 会问 L 一个问题，如果 L 回答正确，E 会继续问下一个问题；如果 L 回答错误，E 就会要求 T 按下一台机器上的按钮，"电击" L 一次（T 不知道这是假电击）。

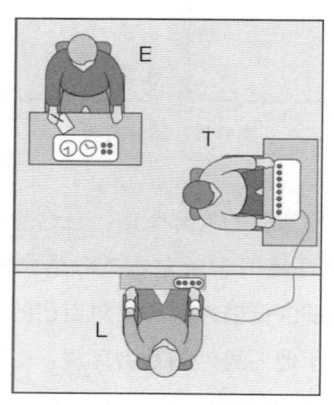

图 0-2 米尔格拉姆实验

此外，T 还被事先告知，L 每答错一题，机器就会增加"电击"的强度。随着 T 按下"电击"按钮，L 便开始假装发出痛苦的哀嚎。但即便如此，仍有 65% 的 T 选择持续加码，直到电击强度达到预先设定的最大值 450 伏特为止。

大多数了解这个实验的人，都会自信地认为如果自己参与米尔格拉姆的实验，肯定会比实验中的 T 更早终止实验，然而事实上，我们没有理由相信米尔格拉姆实验中的 T 比其他人更缺乏共情力或道德责任感。

UNDER THE INFLUENCE
解码行为传染

更合理的解释是，那些了解实验的人可能犯了上述基本归因误差的错误。我们大大低估了具体的社会环境因素对自身行为方式可能产生的影响力，就像在上述实验中，T被一个设定的权威人物E指示以一种特定的方式行动。事实上，上述实验中许多T都因为L所受的"折磨"而表现出了明显的不安。可以肯定的是，这种实验在今天的人类实验对象委员会中不会获得批准。

对敏锐的社会观察者而言，社会环境对人的行为方式的影响力一直是显而易见的。举个例子，亚伯拉罕·林肯在1842年所作的一次演讲中，就督促大家思考社会环境的影响力。那个年代的禁酒运动倡导者认为，性格缺陷是造成酒瘾问题的最重要原因。但在上述演讲中，当时33岁的林肯却主张采取"环境导向"的方法。

但是有些人说……社会环境的影响力并非如此强大。那就让我们来检验这一点吧。我要问一下最坚持这个观点的人：什么样的补偿可以使他愿意在某个礼拜天去教堂，并在布道时戴上他太太的女式礼帽呢？我大胆地猜测，随意的少量的补偿肯定是不行的。在教堂戴帽子原本不违反教义，没有不道德，也不会造成身体上的不舒服。那为什么不行呢？不是因为戴帽子极其难看，而是因为潮流的影响。那什么是潮流的影响呢？就是他人的行为对我们自身行为的影响，即我们在看到周围的人都做了某件事之后，自己也想做同样事情的强烈倾向。潮流的影响也不局限于具体的某件或某类事情，但它却对不同的人都具有强烈的影响。

显然，阿什和米尔格拉姆的实验结果应该不会让林肯感到惊讶。

人类决策与环境因素高度相关

环境之所以重要，一部分原因是人类的决策在很大程度上取决于评估性的判断，而这种判断又高度取决于周围的环境。环境会影响我们对日常物理数量的判断。举个例子，假设你开车带着你6岁的女儿去看望她的爷爷，她问你："我们是不是快到了？"如果当时全程20千米的车程还差15千米，你会说："不，还有些距离。"但如果当时全程200千米的车程还差15千米，你会说："是的。"

环境也会决定我们对于温度高低的判断。如果有人问你外面是否很冷，即使同样是16摄氏度，在蒙特利尔阳光明

引　言　学会正视行为传染在生活中的关键作用

媚的 3 月的下午和在迈阿密 11 月的晚上，你的回答将是不一样的。我在迈阿密长大，高中时在温度为 16 摄氏度的晚上参加橄榄球比赛时，我会穿上最厚的外套。

虽然环境和评估之间的联系在行为科学家看来是无可争议的，但在许多公共政策的讨论中，它的重要性几乎完全没有体现出来。究其原因，主要是大多数作为政策辩论基础的传统经济模型都忽略了环境对人们判断力的影响。

就像参与阿什实验中那些无视确凿证据的被试一样，我的大多数经济学家同行都认为人们的购买行为与他人无关。但是，很明显，环境对我们评估经济生活中商品和服务产生的影响，不会小于它对我们评估距离和温度产生的影响。例如，许多购车者都希望购买性能出色的汽车。但一辆在 20 世纪 50 年代能让车主觉得加速很快的车，在今天却可能让车主觉得动力不足。类似的情况还包括：一套房子如果比同一社区的其他房子大，就有可能被认为是足够大了；而一套得体的面试服装只是与其他应聘者相比显得较为有利。

"看不见的手"并不神奇

如果考虑环境与评估之间的关联性，那么亚当·斯密著名的"看不见的手"的理论基础就会被大大削弱。对于自己的理论，亚当·斯密其实比他狂热的现代拥护者还要谨慎

015

些。那些拥护者坚称市场力量是可靠的，可以将追求个人利益的行为转化为造福最广大民众的最大利益。

"看不见的手"的观点被过度地吹捧了。比如当企业家需要对竖立什么样的广告牌进行决策时，他们看上去似乎受到了"看不见的手"的影响，但他们建造的那些广告牌最终实现最好地服务于大社区利益的目标（比如建成让人赏心悦目的城市景观）了吗？我们有理由对此持怀疑态度。虽然在究竟什么样的广告牌才算让人赏心悦目这个问题上，见仁见智，但是大家一致认为这些企业家的决策并没有产生这个结果。

但如果我们因此就认为，在城市里看到的那些有损市容的广告牌是由于缺乏审美能力，或者因为垄断，又或者因为其他常被提到的市场失灵导致的结果的话，也是不对的。在大多数情况下，一块广告牌能发挥多大的作用取决于其所处的场景，这才是问题所在。一块广告牌要引起大众的注意，必须以某种方式从与其相邻的一众广告牌中脱颖而出。如果它比其他的广告牌面积更大，或者更高，或者更明亮，它就能成功吸引大众的注意，否则就算失败了。这个简单的事实解释了这样一个因果关系：企业家之间为了引起过往车辆司机的注意，就不得不进行无序竞争，而那些看起来杂乱不堪的广告牌，就是这种竞争导致的必然结果。

当然，某些人眼中的杂乱无序，在其他人看来却可能是拥抱资本主义活力的证据。当个人的利益与更大范围的集体利益有冲突时，就一定会出现关于"看不见的手"的有效性的争议。每个企业家都希望自己的广告牌最引人注目，但这些广告牌并不一定会对更大的社区有利。

同样，就像控烟这个例子一样，限制了某些人的自由这一事实并不能说明监管部门在制定政策时考虑不周。如果说判例法给我们提供了什么参考的话，那就是这些企业家群体和他们服务的大社区都喜欢的广告牌，其成本和干扰性往往要比在缺乏监管的环境中看到的广告牌要低。大多数城市都按城市规划的法律法规对广告牌的尺寸、位置及其他方面实施了限制，这些措施不但通常会获得市民的普遍拥护，而且会得到那些被规划条例约束的企业家的广泛支持。

那么，有些城市规划的法律法规会不会过于严苛或者被误导了呢？毋庸置疑，我的观点是，除非个人利益和集体利益存在冲突，否则关于权利和自由的口号几乎不具有多少指导性作用。在这种情况下，想在不给其他群体造成更大伤害的前提下，避免伤害某一特定群体，几乎是不可能完成的任务。想要在监管这种情形时拿出一个成熟的方案，需要在相互冲突的不同类型的自由之间进行协调。

为了避免可能出现的误解，我需要强调一下，我是一名"看不见的手"理论的狂热拥护者。我曾说过,这个理论并没有像某些过度吹捧者说的那样神奇,这并不是要否定亚当·斯密高明见解的重要性。在亚当·斯密之前,也有一些人指出,那些能改善产品设计和节约成本的创新并非出于人道主义,而是为了通过从竞争对手那儿夺取市场份额的方式来提高利润。不过,相比其他人,亚当·斯密洞见的东西,远不止这些。因为竞争对手可以快速地复制新产品的设计和先进的生产方法,所以,这样的竞争就会导致商品和服务的价格下降到仅能覆盖新的更低的生产成本的水平,而竞争最终的受益者就是那些能够持续不断地享受到更好、更便宜的产品的消费者。亚当·斯密的"看不见的手"理论是对为何今天人们的收入水平远高于以往人类历史上大部分时期收入水平的最重要的解释,但是这并不意味着市场力量就必然能利用利己主义来为最多的人带来最大的利益。

我将本书中提出的观点总结为以下 7 点(这些观点已经在前面讨论过的几个例子中间接地反映出来了)。

1. 环境对我们的选择的影响程度,比许多人意识到的要大得多。
2. 环境的影响有时候是正面的(比如,在邻居们都热爱运动和注意饮食的社区里生活的居民更可能养成按时运动且合理饮食的习惯)。
3. 某些时候,环境具有负面的影响(比如,生活在吸烟者周围的人更容易吸烟，或者周边都是丑陋的广告牌的企业家更容易竖立影响市容的广告牌）。
4. 那些影响我们选择的环境本身是一个由多个个体选择组成的集合。
5. 由于每个个体的选择对环境的影响几乎可以忽略不计，理性的、以自我为中心的人经常会忽视上述第 4 点描述的反馈循环。
6. 通过采取集体行动，鼓励人们做出有益环境的选择并遏制有害环境的选择，我们就能获得更好的结果。
7. 为了倡导更好地保护环境，税收通常比其他监管措施更有效且不那么让人反感。

在行为科学家眼里，关于前面 5 点都不存在争议，会引起争议的是第 6 点和第 7 点。

关于第 6 点，即便在每个人都承认行为传染就像吸烟的例子一样会带来害处时，想要形成能够调节环境（环境能影响我们的行动）的集体行动的共识仍然是困难的。造成这种困难的部分原因在于，个人和集体的激励体系常常严重背离。但是对第 6 点的反对，总体上还源于美国民众长期对政府监管持有的敌意态度，他们不认为政府监管一定能使事情变好，虽然有时候仅仅依靠市场无法得到最优结果，但政府的干预也不是完美的。

第 7 点之所以会引起争议，仅仅是因为很多人都不喜欢缴税。但是我们如果仔细想一下，就会发现在这方面，人们唯一感兴趣的问题不是我们是否应该缴税，而是我们应该对哪些事情缴税，以及按何种税率缴税。无论你是一个支持小政府的保守主义者，还是一个主张政府扩张的改革派人士，都会认同用于支付有价值的公共服务的税收收入是必要的。

目前，美国的税收收入来源不仅包括那些会对其他人造成损害的活动，而且包括那些能实质性地提升他人生活质量的活动。举个例子，大多数美国人都认为企业雇用更多的雇员是一件好事，但政府仍对工资征很重的税，重税抑制了招聘活动。更好的政策选择是用税收来遏止那些对社会产生了损害的活动，包括那些会以有害方式改变我们行为环境的活动。

个体选择所带来的社会性危害

涉及安全的决策经常存在争议，而产生安全问题的背景则是在制定这些决策时不可忽视的因素。我儿子克里斯 14 岁那年在骑自行车时严重受伤。急诊室的治疗医生给我看克里斯戴的头盔，那个头盔的左前方已经被摔成了碎片。医生告诉我，如果克里斯当时没有戴头盔，我们可能就要讨论有关他葬礼的安排，而不是有关如何采取必要的预防措施来避免他的锁骨受到进一步的伤害了。

在那之前,尽管我也做过很大的努力,却从来没能说服克里斯的两个哥哥戴自行车头盔,他们总是以"其他小朋友们都没戴"的说辞来搪塞我,虽然他们说的的确是事实。除非我亲自在场,否则他们常常不戴头盔就骑车出去。因此,我特别感谢纽约州在我两个大儿子离开家里几年之后,制定了要求18岁以下的孩子在骑自行车时必须戴头盔的法律,如果没有这项法律,克里斯也许活不到今天。

孩子们常常不具备相应的经验和知识来对自己的健康做出负责任的决策,因此,即使是自由主义者也认为这种家长式的立法对孩子们是有利的。人们不可能在18岁时就突然戏剧性地具备了应对同侪压力的智慧和免疫力,然而合理地对成熟的成年人实施这种法律的依据是什么呢?

我在法国进行学术交流的那一年,曾有一位女同事,她每天都在不戴头盔的情况下骑行45分钟穿越巴黎拥挤的车流来办公室上班。有一次我开玩笑地说,她不戴头盔是为了赶时髦,她听了之后颇不高兴。公平地说,她其实是我们办公室最不关注时尚的人。

几个星期之后,她敲开了我办公室的门,告诉我她曾经在周末戴着头盔去逛老佛爷百货商店,她有点窘迫地承认,当她在商场看到镜子里的自己时,她立即意识到自己再也不想在公共场合戴头盔了。正如林肯当年清楚地意识到的那样,潮流是一种力量,这种力量影响着那些自认为最不受它影响的人。

有人说,戴头盔为社会节省了对骑行事故中受伤的人施加治疗的费用,所以戴头盔的要求是合理的。然而,许多因不戴头盔而造成的交通事故所导致的死亡就发生在一瞬间,这避免了政府在社会保障和医疗保险下的大量支出。总的来说,那些不戴头盔骑车的人可能为政府节省了钱(正如前文所提到的,吸烟者可能也是如此)。

在我拥有一部自行车的时候,我很享受不戴头盔骑行时任风儿吹拂头发的感觉,我为自己生活在一个没有强制要求戴头盔的州而感到开心。然而,就像对吸烟采取自由放任政策不是一个最佳选择一样,不戴头盔也是如此。如果我年轻的巴黎同事因没戴头盔而在一场自行车事故中去世或者严重受伤,她的朋友和家人将受到痛苦的折磨。除了督促她戴上头盔之外,实际上他们并没有其他方法去避免这种伤害。

戴头盔是否符合潮流,取决于我们周围有多少人戴。如果有一个骑行者不戴,她就在强化戴头盔是不合时宜的(虽然这种强化作用极其微小),因此她的选择不仅对她自己有潜在的危害,同时也给那些受到她影响的人带来了细微的危害。从社会整体的角度来说，她的成本效益分析模型在误导性地让不戴头盔骑行这件事看上去"很酷"。

上面这种把问题放入一种框架来分析的方式，说明了最简单的补救办法并非强制佩戴头盔，而是让不戴头盔骑行成为一件"不酷"的事情。举例来说，对于那些喜欢在骑行时感受风儿吹拂头发的人们，我们可以允许其支付一笔合理的年费以获得一枚徽章。他们可以将这枚徽章贴到他们的自行车上，从而合法地不戴头盔骑行。

那些把不戴头盔视为他们不可或缺的骑行体验的一部分的人，可能觉得为此支付一些费用是值得的，但是那些对此没有强烈意愿的人（在大多数情况下，绝大多数都属于这种人）就不会愿意付钱了。一旦足够多的人在骑行时都戴着头盔，戴头盔者就不会有压力，也不会显得不合时宜了。还有一个额外的好处是，每当从不戴头盔骑行的人那里收取1美元，就意味着我们可以在其他有益的活动中少收1美元的税收。这不是一个完美的解决方案，但是相比强制戴头盔的方案，这个方案比较没有侵略性，并且更加灵活。

行为外部性干扰着人们的重大决策

经济学家把"外部性"定义为对某事物的产生没有控制权的第三方承担的成本或获得的收益。那些系统地学习过经济学课程的人会意识到，我在头盔问题上的提议与针对空气污染和水污染等环境外部性问题的传统经济解决方案极其相似。针对这些环境污染问题，标准的改善措施是针对每排放单位的污染征收排放税，或者要求企业购买每排放单位的可交易许可证。当经济学家在20世纪60年代首次建议用这种方法来解决酸雨问题时，批评者揶揄经济学家们是在鼓励给予财大气粗的企业一张污染牌照，以获得他们心理上的满足。

但这种观点完全误解了造成过度污染的经济力量。当允许企业零成本地往空气和水里排放有毒物质时，这些企业这么做不是因为可以从中获得快感，而是因为处理有毒物质的成本太高。换句话说，在没有政府监管的市场环境中经营的企业会在误导之下认为对外排放污染物是很值得尝试的选择，而按照污染排放量来收费，则是通过让污染环境变成不值得去做的事，从而有效解决环境污染问题。

从经济学家们首次提议市场化二氧化硫许可证，到1990年修订《清洁空气法》(Clean Air Act)修正案并实施这一提议，差不多花了30年的时间。这项措施一经推出，企业很快就找到了减少二氧化硫排放的有效方法。曾经在新闻报道中屡占头条的酸雨问题比在传统的强制性监管体系下以更低的成本更快地得到了解决。

引　言　　学会正视行为传染在生活中的关键作用

以尽可能低的成本达到减少污染排放的目标是符合社会利益的。污染税通过把减排的主动权交到有能力以最低成本减排的企业的手中，来达到上述目标。这是因为，那些能够以最低成本获得达到环保标准的生产流程的企业很快就发现采用这些新流程（而不是固守原有的流程并支付高昂的税款）更有利可图，而那些暂时没有替代方案的企业将继续排放污染物并缴纳相应的税款。通过这种方式，污染税就能以最低的成本实现减排目标。

同样的逻辑也存在于支持对那些不戴头盔骑行的人收费和支持对吸烟者征税之中。

UNDER THE INFLUENCE
解码行为传染

有令人信服的证据表明，环境对我们行为的影响超过了大多数人的认知，这种影响有时候是正面的，但更多的时候是负面的。环境和选择之间还存在着相互作用的关系：环境不仅塑造了我们的选择，而且也是这些选择结果之和。不过，个体选择的效果可能过于渺小，似乎不值得大家重视，因此，我们总是面临着一套普遍存在的"环境外部性"或"行为外部性"。行为外部性在各个方面都与空气和水污染之类的传统外部性极其相似。

许多我们正在用税收和监管的手段去解决的问题（比如

吸烟）被描绘成传统外部性。但是对吸烟危害来源的深入研究清楚地表明，控烟措施要防止的最重要的危害是由行为外部性导致的。

行为外部性不仅干扰着是否吸烟、是否竖立有损市容的广告牌以及是否戴头盔骑行等决策，而且也干扰着其他重要的抉择。在后面的章节里，我将阐述这些行为外部性干扰决策的案例。我们将看到，虽然从绝对金额的角度看，每个案例最后都造成了巨大损失，但是有两个特殊领域的案例造成的损失特别巨大，比其他领域的案例要大好几个量级。

第一个领域是有关行为传染如何影响整体消费模式的。经济学家一般会假设人们对如何支配自己的收入有最理性的判断，而现在大家都很清楚，理性的消费决策经常有互相抵消的作用。这就好比军备竞赛，国家制造更多的武器是希望获得对手不具备的优势，但当所有国家都实施这种战略的时候，军事力量的相对平衡其实是没有受到影响的。如果每个国家都能在武器系统上花更少的钱，把更多的资金用于发展学校和医院，则所有的国家都将获益。尽管如此，单方面裁军将使一个国家的政治主权陷入危险的境地。

类似地，理性的消费决策往往事与愿违。比如，富人们建造宽敞的豪宅，是出于他们的理性预期：额外的空间让人愉悦且物有所值。然而，定义宽敞空间的标准，常常取决于

引　言　　学会正视行为传染在生活中的关键作用

环境。当所有的豪宅都扩大之后，对于宽敞空间的最低标准自然也会水涨船高。随着所有豪宅规模的扩大，到了某个时点，大型地产建筑就会让人心生烦恼，因为额外的支出实际上已经不可能让富人们像以前一样那么开心了。正如我们所看到的那样，这种与互相抵消的支出模式有关的财富浪费，光在美国就高达数万亿美元。

第二个领域是有关行为传染如何影响温室气体排放的。相比因气候变化导致的损失，上述规模的浪费简直不值一提。据权威预测，到 21 世纪末，在出现地球变暖的情况下，全球人均 GDP 会比未出现地球变暖情况下的人均 GDP 低 1/4。但好消息是，清楚地了解行为传染在浪费型支出和气候变暖这两个领域中所发挥的作用，可以帮助我们找到避免这两种损失的方法。

当某种特定的环境会鼓励具有负面结果的行为时，最好的解决方法往往是改变在最初导致形成这种环境的那些个人激励体系。 这种方法在吸烟这个领域极其有效，虽然我们为实际采纳的政策辩护所使用的理由名不符实。如果我们对自己在其他领域要解决的问题的根本原因都有最深入的了解，并直接基于这种理解制定应对之策，那么这种应对就一定会更有效果。

027

# UNDER THE INFLUENCE

第一部分

行为传染的起源

UNDER THE INFLUENCE

第 1 章
环境如何塑造感知

在一个贫穷的地方,
男人送一枝玫瑰就能证明对妻子的爱,
但在一个富裕的地方,
男人要用一束玫瑰来证明,为什么?

―――――――――
UNDER THE INFLUENCE

图 1-1 中的 3 个椭圆形，哪一个最暗？如果你怀疑有诡计，你可能会说它们的明暗度都是一样的。恭喜你，你是正确的。但是如果你真的认为它们看起来是一模一样的话，那你应该预约神经科医生的检查。一个大脑功能正常的人，应该能看出最左边的椭圆显得最暗。

除非你是一个心理学家，否则让大脑得出这 3 个椭圆形明暗度一样的结论的感知过程完全是自发性的。为了在恶劣的环境中生存下来，我们必须随时能对众多复杂刺激物进行评估。并且，就像由视觉刺激物引起的反应一样，我们还会在许多其他方面受到社会环境的影响。我们在这个评估过程中高度依赖相对性的比较，可以说，这种比较扮演了一个核心角色。

图 1-1　不同底色的椭圆形

在我的研究领域，研究人员普遍忽视了相对性比较扮演的角色。当然，也有例外的情形。比如，经济学家理查德·莱亚德（Richard Layard）就曾经明确地写道："在一个贫穷的国家，一个男人可以通过赠送一枝玫瑰的方式来证明对妻子的爱；但在富裕的国家，男人却必须赠送一打玫瑰（来证明对妻子的爱）。"然而，在当代经济学家里面，莱亚德算是个异类。

UNDER THE INFLUENCE
解码行为传染

与其他行为科学领域的研究者不同的是，大多数经济学家实际上都忽视了这样一个事实，那就是所有的感知和评估都深深地受到了参照物的影响。

第 1 章　环境如何塑造感知

很多时候，那些活跃在我们周围的参照物非常重要，这些参照物包括朋友、同事以及身份相同的伙伴的行为等。如果伙伴的行为和其他环境因素影响了我们的评估，那么它们也会进一步影响我们的每个选择，因此，对于环境和感知之间的联系有了更准确的理解，就意味着我们在了解行为传染的影响力方面往前迈出了关键的一步。

尽管社会心理学家长期有着关注社会影响的重要性的倾向，但他们却很少解释这种倾向存在的原因。这种倾向之所以存在，部分原因是人比环境因素更容易引起我们的关注。人是生动真实的，而环境则是枯燥无味的，至少相对而言是这样。但我相信，存在这种倾向的另一种原因，是社会力量以及其他环境因素一般仅仅会在潜意识层面影响我们。

我们每天都要作出大量决策，因此我们的神经系统中负责"解码"周边信息的感知机制必须自动、迅速地对外界刺激作出反应。从解剖学角度看，人的感知系统结构非常复杂，想要快速处理信息，就要求感知系统能够完全在意识知觉层之外运行，因此，我们在社会力量和其他环境因素方面的思考甚少就不足为奇了，我们甚至几乎感觉不到它们的存在。

本章的目标是阐明我们的感知系统如何对周围的社会环境和物理环境作出判断。这些判断经常是粗略的，有时候甚至是带有误导性的。如果你因此认为我们对社会环境因素和物理环境因素的依赖最终是有害的，那就错了。因为如果没有这些判断，我们连正常的工作和生活都无法实现。尽管有一些反面例证，但更合理的假设是我们的感知系统会以自我适应的方式从环境中总结和推导。

被感知欺骗过的"陷阱"

一束光线有多明亮？一个声音有多响？对这些问题的回答极大地取决于这些刺激物出现的环境。比如，行驶中的汽车亮着的前灯在白天几乎不会引起迎面开过来的司机的注意，但在夜晚却常常变得非常刺眼，这是因为我们的感官对光线反差的刺激远比绝对光线强度的刺激的认知要更敏感。

同样地，与环境的绝对水平相比，我们的感官对环境的相对变化也更加敏感，这就是一个男人可以在电视机嗞嗞作响时酣然入睡，而在他太太关掉电视时却会骤然醒来的原因。人类对相对变化的敏感也能解释为何我们的注意力更多地会被视野里移动的而不是静止的物体所吸引。重申一次，**这些环境力几乎都是在我们的无意识中发挥作用，因此我们经常会低估它们的重要性。**

反差和适应在感知气味的过程中也扮演着相似的角色。例如，参加晚宴的客人们刚到达时，立刻就会闻到炉子里烤

第 1 章　环境如何塑造感知

鸡散发出的诱人香味，但是已经在厨房忙碌了数小时的厨师几乎不会注意到这种香味的存在。

再来讨论一下我们对物体大小的感知。在图 1-2 中，左图中心的圆点与右图中心的圆点大小是一样的，然而，由于左图中心的圆点与其四周的圆点相比要大，右图中心的圆点与其四周的圆点相比要小，所以左图中心的圆点看上去要比右图中心的圆点要大得多。这就是著名的铁钦纳圆心。

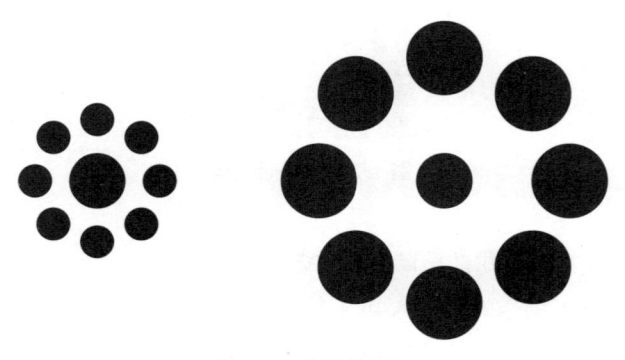

图 1-2　铁钦纳圆心

那些略微领会到人类感知机制的艺术家，经常能够创作出深刻的、能让人产生错觉的图案。我们的大脑经常会系统化地运用语境规则来解读二维图像传递的三维物体的信息。

图 1-3 中的彭罗斯三角最早就是由瑞典艺术家奥斯卡·雷乌特斯瓦德（Oscar Reutersvärd）于 1934 年创作的，后来

因英国的精神病学家莱昂内尔·彭罗斯（Lionel Penrose）和他的儿子数学家罗杰·彭罗斯（Roger Penrose）的推广而变得广为人知。当我们的大脑习惯性地使用感知规则去推理图中的三维物体的性质时，就会进入一个死胡同。彭罗斯父子把这个图案称为"最纯粹的不可能"。

图 1-3　彭罗斯三角

彭罗斯三角的精髓在荷兰艺术家 M. C. 埃舍尔（M. C. Escher）创作的广为人知又令人费解的画作——他于 1961 年创作的石版画《瀑布》（*The Waterfall*）中得到了鲜明的体现。如图 1-4 所示，那些渡槽墙的台阶是拾级向下的，这意味着其坡度也是向下倾斜的，但是，水从渡槽中流出的位置恰恰从高于它流入地点的那个位置流出去了，怎么可能会这样呢？

光学幻觉网站揭示了彭罗斯三角让埃舍尔画作产生如此神奇效果的魔力。如图 1-5 右侧所示，这是令我们的大脑

第 1 章　环境如何塑造感知

感到困惑的渡槽的本质。就像埃舍尔的那幅石版画显示的那样，水看上去向下流淌，并沿着渡槽流淌到瀑布流进来的位置的上方，但正如图 1-5 中间较小的示意图表明的那样，右边的图案其实是由垂直柱（BD）将两个上下叠放的彭罗斯三角（ABC 和 CDE）连接而成的。

图 1-4　埃舍尔的《瀑布》

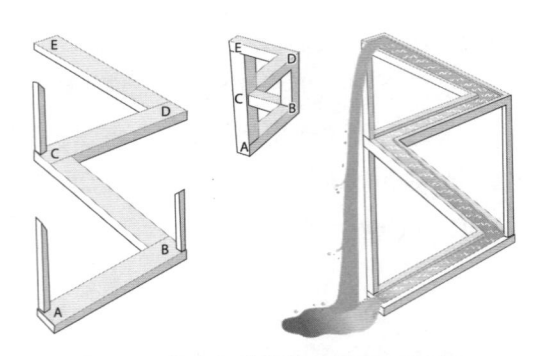

图 1-5　埃舍尔的《瀑布》原理示意图

图 1-5 的右侧部分再次聚焦于渡槽，不过这次是将垂直柱（AC、CE、BD）锯掉一半，这样我们可以很容易地看出两个三角形的顶点大致在一个横向的水平位置上。而且我们在不需要把这些垂直柱与图案中其他顶点连接起来的情况下，可以看出水流沿着水平方向在水槽里流动，而不是不可思议地又回流到水流的源头。

艺术家可以用视错觉来蒙蔽我们，但这并不意味着我们是傻瓜。恰恰相反，**周边环境与这种幻觉底层的感知系统之间的相互关系在大多数时候都可以很好地为我们服务**。生物在恶劣的环境中都会挣扎求生，因此，了解一个真实的世界其实与我们自身的利益息息相关。人类能够存活如此之久，至少部分地证明了人类较好地理解了环境与感知之间的联系，而这种理解是人类自身不断进化的一种努力，其目的是使我们能够策略性地使用获得的信息。

第1章　环境如何塑造感知

但正如达尔文理解的那样，自然选择是一种原始的机制。你可以认为，由这种机制塑造出的人类感知系统有广泛的适应性，但其并非在所有情况下都能准确无误地感知现实。我们有时候容易陷入光学幻觉的陷阱，这一现象不应当被视为感知系统的缺陷。在几乎所有的工程设计工作中，都可能出现设计师竭力在各种参数之间权衡折中的情况，这都是人们容易陷入光学幻觉的证明。

这种因权衡折中而造成的窘境的本质，在我们对人脸的评估中清楚地体现出来了。图1-6中的两幅照片来自同一个人，但当人们被问到照片中的人物性别的时候，多数人都会说左边是女性，而右边是男性。

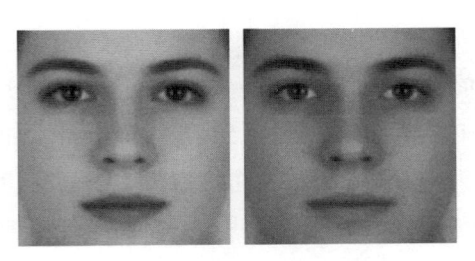

图1-6　面部对比的性别差异

在心理学家理查德·拉塞尔（Richard Russell）创建的这个幻觉实验中，图1-6中的左边照片呈现女性外表的特征，这是因为照片中人的皮肤颜色比右边照片大幅度调淡了，不同的色调差使得脸部深色区域（嘴唇和眼睛）和浅色

041

区域的皮肤呈现出巨大反差对比效果。我们大多数人可能并不会清楚地意识到女性脸部的色调差平均而言要比男性更大，但是这不会妨碍我们在大多数情况下利用这种反差推断男女性别。

UNDER THE INFLUENCE
解码行为传染

简而言之，我们做出的每个评估，实际上都建立在某种或清晰或隐含的参照物的基础之上。一个特别重要的参照标准是我们试图评估的外部刺激物的绝对水平。根据精神物理学中的韦伯定律，我们对外部刺激物变化的感知取决于变化值与初始值的比例，只有当这个变化值对应初始值的比例很大的时候，才能称之为巨变。

从韦伯定律可以引申出一个相关的问题，即多大程度的变化才属于刚好可以被人注意到的差别。比如，如果一个灯泡的功率为 100 瓦特，另一个灯泡为 101 瓦特，大多数人将无法分清楚哪一个更明亮些，但如果我们逐渐增加第二个灯泡的瓦特数，当它的功率达到 105 瓦特时，一半的人就可以正确地指出第二个灯泡更加明亮。因此，韦伯定律把 5% 视为刚好可以让人注意到的灯泡之间的亮度差别，所以如果要让大多数人准确地感知出一个灯泡的亮度高于 200 瓦特的灯泡，那么这个灯泡的功率至少要达到 210 瓦特。

韦伯定律可以应用于各种感应感知模式，并且几乎对所有的脊椎动物都近似地适用。这个定律的含义之一是，**无论在评估距离、温度、音量、音高、重量、疼痛、亮度和数量时，还是在评估众多其他信号时，我们区分不同的外界刺激之间的细微差别的能力会随着刺激的加强而下降。**

例如，图 1-7 左下角正方形里的小黑点数量比左上角正方形的多出 10 个，几乎每个人瞟上一眼都可以发现，左下角正方形比左上角正方形中小黑点的数量更多；右下角的正方形里的小黑点的数量同样比右上角正方形多出 10 个，但是要针对右边两个正方形里小黑点的数量做出类似的判断就要困难得多。

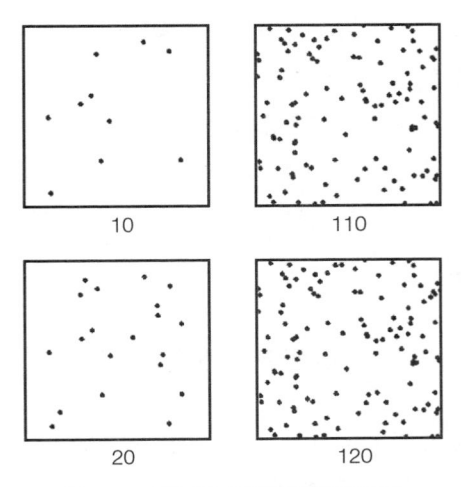

图 1-7　不同正方形的黑点分布图

有证据表明，隐含在韦伯定律里的感知模式并非后天习得的，而是与生俱来的。年幼的孩子会把数字3放在一个0～10的数值范围的中间位置，但等他们接受了更多数字方面的正式教育之后，大多数孩子会将其放在同一刻度上更接近30%的位置。没有受过太多正规教育的成年人对待数字刻度的方式跟年幼的孩子类似。

人类的感官是不断进化的。当生物学家们试图说明它们的特性时，其出发点与在说明我们的结构和行为的特性时是一样的：在过去数千年的时间里，为了获取生存和繁衍所需的自然资源，人类的身体器官出现过一些变化，这些变化使得人类的身体器官可以高效地发挥作用，而物竞天择系统促成了这些身体器官上的变化，让我们高效工作成为可能。这个理论也可以用来解释为何昆虫复眼的设计特征能够让其在自然光线的分辨率和衍射之间获得最佳的平衡，以及为何哺乳动物都会在恰当的时点完成从起步行走到碎步疾行、再到大步奔跑的步态变化，因为这样可以最大程度地降低运动中的能量消耗。类似的达尔文推理也促进了生物学家们对人类感官的理解。

选择困难与损失厌恶

为什么识别小数字之间的细微区别的能力，会比识别大数字之间的细微差别的能力更有价值呢？原因正如计算科学家拉夫·瓦尔什尼（Lav Varshney）和约翰·森（John Sun）所推测的："知道你面前的狮子有 5 只还是 3 只，比知道你正在追逐的鹿群是 100 只还是 98 只更重要。"

塑造我们感知系统的一个环境因素是，我们周边环境释放出的信号不仅包含了相关的信息，也包含了大量的"噪声"。在一篇论文中，瓦尔什尼和他的同事们论证了符合韦伯定律的感知系统都具有一个良好的特性，在我们实践当中最常见的信号统计分布中，具有这种特性的感知系统会把相对噪声降到最低水平，这一发现为人类的感知系统具有广泛的适应性的观点提供了理论依据。

但这并不意味着从相对条件的角度来观察这个世界就永远是最优的，至少在某些场景中，这个角度可能会误导我们。例如，节约行为的重要性不取决于你节约费用的比例，而是取决于你节约的绝对金额。你会为了省 10 美元而开车去镇上购买一个定价为 20 美元的灯吗？被问到这个问题时，大多数人都说"会"，部分原因是他们认为节省了一个商品原价的 50% 似乎很值得。但如果问这些人是否会为了省 10 美元而开车去镇上购买一台定价为 4 000 美元的电视时，几乎所有人都说"不"，因为与购买价相比节约的金额实在太少了。

这两个问题虽然没有唯一正确的答案，但一个理性的人对这两个问题给出的答案应该是一样的。毕竟在这两个场景中，每次开车去镇上因购物节约而获得的收益都是 10 美元。因此，如果开车去镇上带来的麻烦折合的成本超过 10 美元的价值，那么在两种情况下，都不应开车去镇上；但如果开车去镇上带来的麻烦折合的成本低于 10 美元的价值，那么在这两个场景中，开车去镇上购物都是合理的。

环境因素也会以其他形式误导我们。在《布里丹之驴》这个寓言故事里，一头饥肠辘辘的驴站在与它等距离的两捆干草堆之间，两个干草堆对它具有同样的诱惑力，因为它在两个干草堆之间举棋不定，最后居然被活活饿死了。虽然很难想象一个人会因为犹豫而陷入饿死的境地，但很多人在两个吸引力差不多的选项之间做出选择时，都会表现出明显的焦虑。当两个选项事实上具有一样的吸引力时，那么选择二者中的任意一个其实都无所谓，但是人们在这种情况下产生的焦虑感却是真实存在的，并且这种焦虑会令他们更容易受到环境因素的影响而出错。

举例来说，假设你是一个要租房的学生，计划在公寓 A 和公寓 B（见图 1-8）之间选择其一。公寓 A 的优点是距离校园很近，非常方便，但租金很贵；公寓 B 的租金较低，但距离校园很远。通过对房租和距离分别赋予相应的价值并进行核算，我们就能选出对于一个学生来说价值基本相等的两套公寓（假设为公寓 A 和公寓 B）。然而有意思的是，

第 1 章　　环境如何塑造感知

这并不意味着他在这二者之间选择起来会很容易,就像"布里丹之驴"那样,很多人在面临这种选择时,都会感到焦虑无比。

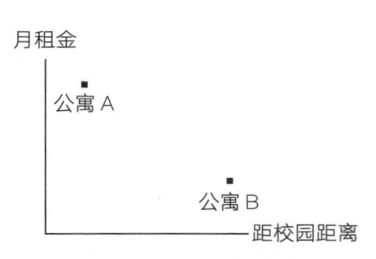

月租金
■ 公寓 A
■ 公寓 B
距校园距离

图 1-8　学生可租住的两套公寓

假设我们现在召集了一大群人,并且可以任意控制公寓 A 和公寓 B 的距离和租金,也就是说,公寓 A 和公寓 B 可以被我们赋予任意的价值。现在我们把公寓 A 和公寓 B 设成某个特定的价值,让这群人在二者中选择其一,其中的一半人会选择公寓 A,剩下的一半人会选择公寓 B。当我们继续让这群人在三个公寓(公寓 A、公寓 B 和新加入的公寓 C,见图 1-9)中选择其一的时候,情况又会怎样呢?根据传统的理性选择理论,公寓 C 是不相关的选项,因为它在租金和距离两个维度上都比公寓 B 要差,并且事实上当公寓 C 被当作选项之一加入进来之后,没有人选择公寓 C。

047

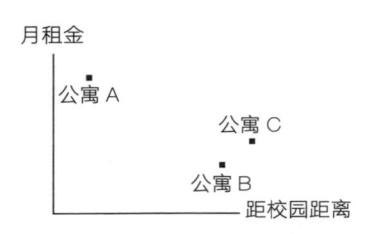

```
月租金
 ■
 公寓 A
              ■
              公寓 C
           ■
           公寓 B
                  距校园距离
```

图 1-9　学生可租住的三套公寓

然而，公寓 C 的出现仍然给究竟是选公寓 A 还是公寓 B 这个问题产生了很大的影响：有更多的人选择了公寓 B，而选择公寓 A 的人变少了。表面上的解释是，在公寓 B 和公寓 C 之间，人们很容易就会优先选择公寓 B，这使得公寓 B 具有一种光环，这让原本在公寓 A 和公寓 B 之间存在选择焦虑的人也会倾向于公寓 B。

经验丰富的销售员在与客户打交道的时候可能会充分利用这种模式：给客户推荐一款从各个维度来说都比原有的选项差的产品，以帮助客户在原有的两个难以选择的选项中作出判断。

另外一种极大地塑造了我们感知系统的环境因素，是我们在接收信息时存在明显的不对称性，即我们倾向于看到有积极因素的事件而非有消极因素的事件。与此一致的发现是：相比努力去获得尚未拥有的东西，人们更愿意花更多的精力去保护他们已经拥有的东西。我们把这种非对称性称为"损失厌恶"。在行为科学家看来,这是最根深蒂固的人性之一。

当涉及一些无关紧要的物品时,比如一个咖啡杯,买家的出价通常要达到最初买价的 2 倍左右,物主才会同意出售;如果涉及更重要的东西(如健康和安全)时,这种售价倍数会大幅增加。

行为传染实验室　在一个实验中,被试被要求想象自己暴露在一种罕见的致命性疾病环境之中,而且染病的概率是 1‰。这种情况下,他们愿意出价 2 000 美元去购买唯一有效的治疗药物。但是如果没有这种药物,即使其他条件保持不变,这些被试表示,至少要给他们支付 250 倍的金额,即 50 万美元,才能说服他们自愿暴露在这种疾病之中。这种不对称性让人震惊,因为在两种情形当中,人们都是为减少 1‰ 的死亡概率在支付价钱。

行为传染实验室　在另一个关于损失厌恶如何影响感知系统的实验中,实验人员首先告诉被试,美国正在为一种罕见的大流行疾病做准备,如果不采取任何行动,预计这种疾病会令 600 人丧生,同时提出了对抗这种疾病的两种方案。

其中,第 1 组被试被告知可以对这两个方案的结果做如下假设:

1. 如果采纳 A 方案，将有 200 人的生命获得挽救
2. 如果采纳 B 方案，将有 1/3 的概率挽救 600 人的生命，但也有 2/3 的概率没有任何人获救

当第 1 组被试被问到他们倾向于选择哪个方案时，72% 的人选择 A 方案，28% 的人选择 B 方案。第 1 组被试似乎是风险规避者，更倾向于能确保挽救 200 人生命的方案，而不愿选择另一个风险性更高、但也许能挽救预期更多数量的生命的方案。

在向第 2 组被试描述了同样的实验背景之后，实验人员接着请他们在如下两个选项中间做出选择：

1. 如果采纳 C 方案，400 人将会死去
2. 如果采纳 D 方案，1/3 的概率没有任何人会因病去世，但也有 2/3 的概率 600 人都会去世

结果，22% 的人选择了 C 方案，剩下 78% 的人选择了 D 方案。与第 1 组被试不同的是，第 2 组被试选择了风险更高的方案。

第 1 章　环境如何塑造感知

总的来说，当人们在两个预期值相等的方案中间进行选择时，大多数人会选择更安全的方案，这正是以可以被挽救的生命的数量为思考框架的第 1 组被试所做的选择，第 2 组被试的思维则以失去的生命的数量为思考框架，所以选择了风险更高的方案。更有意思的是，正如我们稍加思考就能发现的那样，A 方案与 C 方案实际上是一样的，B 方案与 D 方案实际上也是一样的。虽然分别为两个小组的被试提供的两组方案效果都是一样的，第 2 组被试一反惯例选择了风险性更高的、有机会挽救所有 600 人的生命的方案。实验人员并没有声称第 2 组被试的选择是非理性的，但他们将观察到的选择模式视为人们厌恶损失的确凿证据。

UNDER THE INFLUENCE
解码行为传染

环境会严重影响我们的感知和评估能力，所有治学严谨的行为科学家都赞同这一观点。虽然大多数科学家都认为，物竞天择的规律有利于人类进化出能向自身传递所处环境的准确信息的感知系统，但这些感知系统也远远不够完美。

正如我们已经看到的，某些外部刺激物随时会诱导我们中的很多人对现实做出错误的推测，行为经济学领域的学者主要关注这类错误。正如阿莫斯·特沃斯基（Amos

051

Tversky)① 所说，他的工作极大地影响了这个充满活力的领域，"我的同事们研究人工智能，而我研究自然愚蠢"。

在接下来的章节里，我的关注点并不在"自然愚蠢"上，而我在本章列举这些例子是为了说明，我们用来推断所处环境时所使用的感知和认知机制主要在我们的无意识中运作。这不仅适用于那些支持准确判断的机制，也适用于偶尔不准确的情况。

我认为，**行为传染的最大危害源于我们的评判倾向于依赖相对指标**。比如，热意味着相对热，远意味着相对远，富有意味着相对富有。如果有人脱离相对指标而盲目地做出评估，就会让自己处于非常不利的竞争地位。

显然这种依赖经常会给某些群体带来巨大的损失。在本书的第三部分，我将介绍一些简单的策略，这些策略将消除其中最严重的损失，而不需要任何艰难的牺牲。从表面上来看，这也许会让很多人感到惊讶。如果真的存在这种策略，为什么我们以前不采纳它们呢？这是因为我们很多人都深受"整体认知幻觉之母"的困扰，我将在本书第9章论证这一点。

---

① 行为经济学奠基人，多年来专注于人类决策领域的研究，其著作《特沃斯基精要》中文简体字版已由湛庐策划、浙江教育出版社于2022年9月出版。——编者注

UNDER THE INFLUENCE

第 2 章
模仿的冲动

当人们面对两家完全陌生的餐馆时，
为什么往往会选择大多数人都选择的餐馆，
尽管这样做的失败率并不低？

———————
UNDER THE INFLUENCE

第 2 章　模仿的冲动

《少年维特的烦恼》(*The Sorrows of Young Werther*)是歌德的一部带有自传性质的小说,由一位多愁善感的年轻艺术家写给他朋友的一封封书信组成。小说的主人公维特爱上了一位已经订婚的女子,单相思引起的痛苦让他无法承受,最终他选择结束自己的生命。

行为模仿和情绪传染

这部小说在 1774 年出版后曾广受好评,但在接下来的几年里,一波自杀的风潮横扫欧洲。调查人员发现很多自杀者都深受歌德这部小说的影响。心理学家保罗·马斯登(Paul Marsden)曾这样描述政策制定者的反应:"为了遏止模仿自杀的风潮,欧洲部分地区忧心忡忡的官员将这本小

行为传染效应　UNDER THE INFLUENCE

说列为禁书。"

在接下来的两个世纪里，学者们积极地研究所谓的行为传染理论，宽泛地说，就是研究"像暴发的麻疹或者天花一样，而非通过人的理性选择，在不同人群之间扩散的社会文化现象"的理论，由此产生的大量研究都用批判的眼光来看待模仿的行为。

在过去 30 多年中，我花了很多时间思考这种观点，在所有能支持这个观点的例子中，我发现没有比导演艾伦·冯特（Alan Funt）在 1970 年播出的电影《见到裸女你会说什么》(*What Do You Say to a Naked Lady*) 中塑造的角色更生动的了。这部电影由系列实景短片组成，其风格与冯特执导的另一部曾被长期播出的电视节目《隐藏的相机》(*Candid Camera*) 一致。

行为传染实验室

《隐藏的相机》中设置了这样一个实验，冯特发布了一条高薪职位的招聘广告，然后邀请应聘者前来面试。随着剧情逐渐展开，镜头聚焦在一名应聘者身上。这名应聘者被引导到一个已经坐了一些人的房间，他自然而然地以为这些人也都是过来面试的，但观众知道这些都是冯特安排的人。

安静地坐了一会儿后，冯特安排的这些人自

第 2 章　模仿的冲动

行站了起来,并且开始脱衣服。这时候镜头对准了过来面试的应聘者,他的面部先是出现了困惑的表情,他试图搞清楚状况,但渐渐流露出焦虑的表情。没过多久,他的情绪似乎已经到达了一个临界点,他也站起来开始脱掉自己身上的衣服。在此片段的结尾,他和其他人都赤裸站立,等待着进入面试流程的下一环节。

很多人看到这个片段后,都很自信地认为自己不会像冯特实验里的应聘者那样做,由于我们不知道冯特实验了多少次之后才捕获到这个镜头,因此也许他们的自信是有道理的。

但是我们不应该轻易嘲笑这名应聘者。他希望能够找到一份远高于他目前薪资水平的工作,有这种想法是非常合理的。因为实验中的其他人都早于他到达,他自然会认为这些人比他更知道下一步要做什么,因此合理地推断出脱衣服是面试流程的下一个环节,他自然地认为按规则一步一步参与面试是值得的。很明显,他面临的选项是:要么跟着大家一起这么做,要么放弃这个高薪职位的竞争机会。如果他认为从众的代价仅仅是会让自己有一点尴尬而已,那么模仿大家的做法就似乎是明智的选择。

行为传染效应　UNDER THE INFLUENCE

UNDER THE INFLUENCE
解码行为传染

关于从众行为的最新学术研究也对它与个体理性的广泛一致性持开放态度。无论如何，让人们定期进行进展评估是有益的，很少有研究人员会否认这一点。的确，很难想象一个不经常思考"我做得怎么样"的人，能够在这个充满竞争的环境中获得成功。我们对这个问题的回答在很大程度上取决于我们思考问题的参照框架。但由于我们作重大决策时常常没有充分进行认真反思的时间，所以其中很多参照框架几乎完全存在于我们的意识知觉层之外。

设想一下，一个旧石器时代的采集狩猎者正忙着采摘浆果，此时他所属部落的两个人满脸惊恐地从他身旁狂奔而过时，他应该做什么呢？有可能那两个逃跑的人是在与别人发生冲突后被追赶，而这个冲突与采集狩猎者毫无干系。在这种情况下，他应该继续做手头的事情。但也有可能这两个人正在被一只愤怒的老虎追赶。此时，这位采集狩猎者最好的选择是对那两个人的恐惧感同身受，也立即逃跑。如果是后一种情形，不立即行动将会有致命的风险，因此逃跑很可能是明智的选择。

上面这个例子说明了为何从众的心理力量会如此强大，即模仿他人总体上对我们有利，即使在没有明显的从众理由的时候，比如本书引言里面提到的阿什实验。毕竟，如果不

第 2 章　模仿的冲动

借鉴别人的经验和智慧，我们几乎无法应对自己面临的一系列复杂决策。

模仿他人的倾向，可能有利于把我们的注意力转向有价值的新机会上。如果我从未听说过 LED 灯泡可以节省大量能源，但看到邻居们开始安装 LED 灯泡就可能足以让我也考虑使用它们。或者，看到其他人做了一种以往不被认可的举动，可能会让我更敢于尝试它。例如，西方人曾对针灸抱有怀疑的态度，但听说朋友们也都在使用针灸治疗后，我可能就不用再担心其他人会对我这样的做法投来异样的眼光。

有时候，不模仿可能会产生社交成本。如果在一场晚宴上，主人点了一杯鸡尾酒而我没有点任何酒水的话，从社交的角度来说我就会显得有些尴尬。同时，模仿也有助于深化社会联系，这不仅在本质上具有价值，而且能给模仿者带来重要的实际优势。此外，模仿行为也有利于维持社交身份认同。例如，对职业篮球的了解是我与同事们共享的社交身份之一，这意味着对这项运动缺乏兴趣会使我较难获得同事的信任。

总之，有很多理由表明，**模仿他人的潜意识冲动在整体上对我们很有帮助。**

UNDER THE INFLUENCE
解码行为传染

不管模仿行为的进化起源是什么，越来越多的科学文献表明，无论是人类还是其他动物，这种行为都根植于脑镜像神经元系统（MNS）中。这个系统就像一部摄像机一样，实时记录我们与其他人互动时的手势、面部表情、肢体语言、声调和眼球运动，从而调动我们的神经系统来模仿我们的所见所闻。

例如，当我们看到有人微笑时，MNS 会调动主要负责微笑的肌肉组织，即向上拉升嘴角的颧大肌和让眼睛眯起来的眼轮匝肌。当我们看到某个人把杯子举到嘴边时，MNS 会模仿神经冲动，让我们产生相同的肌肉运动。同样地，当我们看到某个人打哈欠，我们可能也会打哈欠。

行为传染实验室

由心理学家约翰·巴奇（John Bargh）和塔尼娅·沙特朗（Tanya Chartrand）进行的实验表明，MNS 在人类的沟通和联系中起到核心作用。在他们的研究中，实验组的被试被安排与陌生人一起完成一项协作任务。被试并不知道这些陌生人其实都是巴奇和沙特朗的研究助理，他们之前都受过在小组里抑制自己模仿其他组员的冲动的训练。而在对照组中，不同的被试与研究助理一起完成任务，但这些研究助理已被告知不要在实验中抑制自己模仿他人的冲动。实验结束后,实验小组的被试对同组被要求抑制模仿冲动的研究助理的好感度,比对照小组对同组没有抑制自己模仿冲动的研究助理的好感度要低很多。

仔细思考后,这种评价的差异似乎并不会让人感到惊讶。虽然我们相互模仿的冲动几乎完全超出了意识的范畴,但它以一种可度量的方式影响着我们大脑中的脑电活动。至少在潜意识层面,我们可以察觉到正在交谈的对象是否在习惯性地模仿我们。如果对方在交流时没有任何模仿行为,那可能意味着他不在意我们或者他没有专注于对谈中。

还有一些研究人员描述了一种与此相关的、被称为"情绪传染"的现象,即人们倾向于体验那些与自己密切互动的人的情绪状态。心理学家伊莱恩·哈特菲尔德(Elaine Hatfield)、约翰·卡乔波(John Cacioppo)以及理查德·拉普森(Richard Rapson)把情绪传染描述为一种原始的、自发的和无意识的过程,通过一系列反馈步骤使交谈对象体验类似的情绪状态。这种反馈在促进交谈者之间建立某种关系的同时,也具有自我适应性。但是这些反馈也可能产生负面影响,比如刚入职不久的心理治疗师在与患者交流后会感到沮丧,就是这种负面影响的体现。

但并非所有的模仿行为都涉及情绪传染。经济学家很早就发现，模仿也可能由信息因素本身引起。现在出现了大量相关主题的文献，如"信息瀑布效应"和"可及性瀑布效应"。法律学者卡斯·森斯坦（Cass Sunstein）在2019年出版的一本书中，就对这些主题的含义进行了深度剖析。

这方面最早且最有影响力的一篇学术论文，出自经济学家阿比吉特·班纳吉（Abhijit Banerjee）之手。班纳吉正式论证了这一观点：在某些情况下，模仿行为是一种完全合理的决策策略，因为其他人往往拥有决策者并不知道的重要信息。例如，那些对某个政治候选人了解甚少的选民，可能会理性地把该候选人有优势的早期民意调查或募资总额，解读为其他更了解该候选人的选民对其的正面评价。

另一个常常被引证的例子是，人们往往不愿意光顾一家空无一人的餐馆。

在某个特定的晚上，一个人想在自己完全陌生的两家餐馆中作选择，可能会想当然地认为其他人会比自己更熟悉这些餐馆，或者至少不比自己更陌生，因此他选择一家大多数人都选择的餐馆，失败的概率应该会更低，但并非绝对如此。例如，对这些餐馆并不了解的早期到达者可能随便选择了一家餐馆，却造成后面到达的人也跟风进来。这样，较差的餐馆可能会在当晚获得比之前高得多的上座率，尽管它的菜品较差。

在许多其他领域，研究人员也发现了类似的模仿行为的影响。例如，夫妻决定生养多少个小孩，就深受当地其他居民生育选择的影响；是否采用某种新技术的决定也受到其他人的选择的强烈影响。其他经常引用的关于模仿行为影响的例子还包括民间传说、经济泡沫、恐惧、超速驾驶、扎耳洞、文身和整形手术。挪威人选择是否享受陪产假，也被证明受到行为传染的影响。

违法行为也与行为传染有很强的关联。例如，经济学家爱德华·格莱泽（Edward Glaeser）和合作者发现，在犯罪倾向方面存在明显的行为传染效应。他们的研究显示，在不同城市之间犯罪率的变化的原因中，只有不到30%可归因于城市和居民在客观特征上的不同。他们发现，行为传染效应在入室盗窃和偷汽车两种违法行为上表现最为显著，在纵火、谋杀和强奸这些违法行为上表现最弱。社会学家科林·洛夫廷（Colin Loftin）发现了暴力袭击在空间上集聚的证据，这证明众多的暴力袭击事件足以形成传染效应。

关于行为传染效应的最有力的例子来自股票市场。

持有一家公司股票的人实际上拥有该公司当前和未来相应份额的收益。因此，经济理论认为，公司股票在公开交易的交易价格应该与其当前和未来利润的现值成比例地变动。但是因为没有人能够精确地知道一家公司在未来到底能赚到多少利润，投资者不得不依赖于预测，而这些预测往往在很大程度上依赖于合理的市场分析。但投资者也知道，一家公司的股价有时候也会对市场大盘的乐观和悲观情绪波动做出反应。正如凯恩斯曾观察到的那样，对选股者而言，其挑战并不在于找到他认为会表现最好的公司，而在于预测出其他投资人认为会表现最好的公司。

投资者也清楚，一家公司的股价可能深受少数人掌握的信息的影响。因此，活跃的投资者最紧迫的任务之一，就是在信息被公开之前尽一切可能去发掘这些信息。"害怕错过"（FOMO）是影响这些投资者行为的最强大的动力之一。如果一家公司股价的大幅波动无法用当前的公开信息来解释，可能会导致投资人得出某些人掌握自己不知道的信息的结论。因此，可以理解为何一些风险厌恶型投资人会把一家公司股价出现原因不明的突然下跌解读为内部人士提前知道了该公司未来盈利会下降这一信息的证据。并且，如果这种解读使得一些人卖掉了手中的股票，股价就会进一步下跌，进而促使其他投资人卖出他们的股票，依此类推。由于这种信息瀑布效应，股价的波动会大大超过作为其定价基础的公司利润的波动。

第 2 章　模仿的冲动

现代信息理论在社会维度上的研究为很多看似奇怪的立场提供了合理的解释。例如，为什么有些明明认为死刑既无效又在道德令人反感的政客却常常在公开场合大力支持死刑呢？对此，经济学家格伦·卢里（Glenn Loury）在其发表于 1994 年的一篇论文里给出了答案，卢里的这篇论文参考了社会学家欧文·戈夫曼（Erving Goffman）早期的研究。

政客面对治安问题时都想表现出强硬的立场，但是选民对政客的真实想法却知之甚少。选民可能明白，关于死刑的公开声明并不能完全衡量政客对治安问题的态度。但是选民也坚定地认为，那些公开对治安问题持强硬立场的政客至少比其他政客更有可能支持死刑。这就是卢里在论文中给出的答案。

既然对治安问题持强硬立场可以捞取政治上的好处，一些私下反对死刑的政客就会公开宣称自己支持死刑。因此，那些大力支持死刑的政客，既包括那些立场真正强硬的政客，也包括那些立场相反的政客，但是当他们对外表态的时候，那些对死刑政策保持沉默的人越来越少，甚至那些对治安问题相对松懈的人会更加卖力地争相表态。最后，对政客来说，公开支持死刑的立场就没有任何压力了。

虽然研究人员倾向于关注行为传染的负面影响，比如吸烟，但行为传染其实也可能产生正面影响。例如，当周围的人都经常锻炼时,人们通常就更容易养成锻炼身体的习惯。研究人员不对称地聚焦于负面影响的原因,似乎在于行为传染引起的实际效果具有不对称性。

因此,正如经济学家菲利普·库克(Philip Cook)和克里斯汀·戈斯(Kristen Goss)所写的:"负面的行为和理念通常受到各种社会规范的约束。而那些具有正面社会意义的行为和信仰,会使人们不受他人选择的限制,可以更自由地进行选择"。

我们的选择深受他人的影响

我们的选择深受他人的影响,我的这个观点既不新颖也不具有很大的争议性。正如社会学家和心理学家长期强调的那样,**环境因素能比一个人的气质或性格特征更精准地预示人们的行为**。

但是,这些领域的学者也强调,公众意识往往大大低估了行为传染的重要性。我的经济学家同行们尤为如此。在经济学家对公共政策的研究中,除了最近表现出了对信息传播机制的研究兴趣之外,他们中的大部分人都完全忽略了社会影响的其他层面。我写这本书的主要动机,就是要解释为何我们充分考虑了行为传染,就可以做出更好的政策选择。

第 2 章　模仿的冲动

UNDER THE INFLUENCE
解码行为传染

即使那些充分认识到自己的行为会受到同侪影响的人，也往往会忽视反向因果效应的重要性：我们自己的行为也会影响其他人的行为。个体自然不会对这种反向因果效应予以过多关注，因为任何具体的个人选择对整体社会环境的影响都是微乎其微的。但是，我们每个人的选择累计产生的集体效应却是绝对不可忽视的。它们塑造了影响我们的社会力量的本质。简而言之，我的主张是，我们可以通过采用简单的激励体系来主动选择一个更可能激发出我们内心深处"最好的自我"的环境。

在前面讨论过的吸烟的例子中，我们通过审视社交因素如何补充传统的监管逻辑，阐述了核心论点。我会在本书第 8 章中举例说明购买重型车辆的行为也受到行为传染的影响。在吸烟和购买重型车辆这两个例子中，标准的监管政策都建立在密尔的那句名言的基础上：政府在没有对他人造成过度伤害的情况下，不应该限制人们做自己喜欢的事情的权利。如果一个消费者是否吸烟或开哪种车辆的决定对其他人不会造成负面影响，那么政府就没有理由进行监管。当然，没有人会否认吸烟和重型交通工具都可能对他人造成危害。但问题是，对他人可能造成危害的事情不胜枚举，政府难以应付，因此仅凭存在危害这一事实本身，不足以构成政府出面监管的理由。

如果从事某项活动产生的益处大于它造成的危害，那么继续从事该活动将会增加收益扣除成本之后的净收益，理论上这么做是一件好事情。比如，禁止购买重型车辆将降低它在马路上伤害他人甚至将其致死的可能性，这样就可以减少它的危害，但是如果建筑工人因此不得不用家庭轿车来运送他们的设备的话，急剧增长的建筑成本将使其他人的利益受损。同样地，控烟措施将降低人们死于疾病的可能性，但这也无端地伤害那些喜欢吸烟并且有条件在隔离了其他人的情况下吸烟的人的权利。因此，要合理地把某项活动列入监管范围，必须首先证明其所产生的好处不足以抵消其造成的危害。

为了把上面两个例子涉及的活动都列入监管，政策分析者把关注点聚焦在吸烟和重型车辆对第三方造成的直接身体伤害上。从逻辑上看，这有其合理之处。因为个体关于是否从事某种活动的成本效益计算通常都会忽略它可能对他人带来的损失，因此计算结果往往会有偏差。对香烟购买征税，或按重量对车辆征税，是减少或消除这种偏差的简单可行的方法。

但就像我们之前说过的那样，美国政府把二手烟造成的危害援引为对吸烟进行征税的理由，但那只是吸烟本身引起的社会危害的一小部分，随着身边吸烟者人数的增加，吸烟导致的危害会快速加剧。基于同样的理由，当美国政府规定

第 2 章　模仿的冲动

重型车辆只能在最适合它们的场景中使用的时候，那些被援引为课税理由的、与重型车相关的最突出危害，包括对道路巨大的破坏作用、造成交通堵塞、环境污染以及给行人带来伤亡的风险，都会变得没那么严重。只有当同侪影响使得数以百万计的司机们都去购买重型车辆的时候，重型车辆造成的真正危害才会变得十分突出。

持怀疑态度的人可能会反对说，阻止同侪影响的负面影响不应该是政府的工作。他们认为，在适当的时候教育孩子们抵制负面的同侪影响是父母们的责任。但是即使存在一种能使得小孩们对同侪影响完全免疫的药物，也不会有人强烈建议父母们去购买的，因为我们本质上是社会性动物，如果在一个组织里，大家的价值观和观念分歧过大，信任和团结就会难以维持。有确凿的证据表明，当一个小组里的每个人都抱有与其他小组成员和谐相处的愿望时，该小组就比较容易取得良好的业绩。因此当超过了某个临界点，人们就会对抵制同侪影响感到严重不适。无论如何，尽管大多数父母都会努力教育他们的孩子去抵御同侪影响，但数据表明，这种教育的效果有限。因此，改变同侪环境本身可能比消除受同侪影响的倾向更容易一些。

在本书的第三部分，我将探讨如何着手解决这个问题。这里我暂时先说明这样一个观点：如果我们一致认为某项活动会给他人造成严重的伤害，那么就没有理由把对这样的活动征税视作不合理的行为。对一个有危害的活动征税，会减少人们参与该活动的动力，也会因此减少对无辜的旁人的危害。而且，相比下令禁止该活动，采取征税的方式也给予了那些非常看重此项活动的人更多的尊重。比如，真正有烟瘾的人可以选择支付税款继续吸烟；其他那些认为吸烟没多少意义或者本来就后悔自己染上了烟瘾的人很可能就会减少吸烟甚至戒烟。因为税收鼓励那些能轻松地改变自己行为的人做出更大的调整，所以从效率的角度看，经济学家也会认同这个做法。

同时，税收也具有公平性的优点。因为从那些决定继续从事有危害性活动的人身上获得的额外税收收入，可以用于减少其他税收。那些受到该项活动伤害的人，将享受到净缴税额下降的好处，这至少部分弥补了他们继续遭受的伤害。

一些人可能会承认，旨在减少有害的行为外部性的税收，在实践中的确具备某些可取之处，但他们仍然会反对这种税收，因为这一做法似乎合理化了"人们不需要自己抵制同伴影响"这一观点。这种反对意见值得我们认真考虑，在第 7 章我会对此展开阐述。

当然，征税从来就是不受欢迎的活动，但是如果我们对任何事物都不征税的话，社会根本无法存在。目前，政府从有益的活动中征收的税收占了其收入的很大一部分，例如，我们对企业的薪资总额征税，这其实削弱了企业雇用更多工人的积极性。我们也对收入征税，而储蓄是收入的重要组成部分，所以这其实是在抑制有价值的储蓄行为。

那么，我们为什么不从那些对他人有害的活动中征收尽可能多的税收呢？正如我将在后文中论述的那样，一旦意识到行为外部性的普遍存在，我们使用对有危害性的活动征税的方式来取代对有益的活动征税的选择范围将大幅扩大。

UNDER THE INFLUENCE

第二部分

行为传染效应既是问题,也是答案

UNDER THE INFLUENCE

第 3 章
对惩罚的恐惧让你成为一个更可信的人

**假设你丢失了一大笔现金，
在和自己没有任何血缘或婚姻关系的人当中，
你认为谁会在捡到钱后把它归还给你？**

———————
UNDER THE INFLUENCE

第 3 章　对惩罚的恐惧让你成为一个更可信的人

在没有监视和惩罚的情况下，欺骗行为是不是必然会发生呢？这是一个永恒的话题。在《理想国》第二卷中，柏拉图通过《裘格斯戒指》（*Ring of Gyges*）的神话故事探讨了这个问题。裘格斯戒指可以让戴上它的人任意隐身（做他想做的事情）。在书中，柏拉图的兄弟格劳孔援引这枚戒指引发的不道德行为，以证明人们看重的并不是正义本身。他指出，"在这种情况下，可以想象，没有一个人能坚定不移，继续做正义的事，也不会有一个人能克制住不拿别人的财物，如果他能在市场里不用害怕，要什么就随便拿什么，能随意穿门越户，能随意调戏妇女，能随意杀人越货。"[①] 格劳孔得出以下结论："没有人把正义当成是对自己的好事，心

---

① 译文摘自商务印书馆 2011 年版《理想国》。——编者注

甘情愿去实行,做正义事是勉强的。在任何场合之下,一个人只要能干坏事,他总会去干的。"①

同情心的成本

很多人都认同格劳孔的观点:当个人利益与广泛的社会利益发生冲突时,狭隘的利己主义必然会胜出。然而,我们也可以举出很多大大小小的反例。例如,一个旅行者在他可能永远不会再次光顾的、偏远地区的餐馆是否会支付小费。

美国支付小费的习俗发展至今,是顾客为了感谢服务员为其提供良好的服务而付出的努力。一般来说,这种服务价值会超过顾客支付的小费。从社会角度来看,保持这种酬谢的传统是有益的。然而,的确有一些顾客在旅途用餐过程中总是会避免给小费。毕竟,小费是餐后支付的,所以服务员不可能改变已经提供的服务质量。服务员也不能威胁顾客说如果不支付小费,自己就拒绝提供优质服务,因为这样顾客就不会再次光临该餐馆了。没有收到小费的服务员也不可能大声抱怨,因为这样很可能会面临被解雇的风险。

---

① 译文摘自商务印书馆 2011 年版《理想国》。——编者注

很显然，如果很多顾客在旅途中的餐馆用餐后不支付小费，那这类餐馆的服务员最终就不会提供优质服务。但是我们可以看到，在小费支付比例和其他餐馆持平的旅途餐馆中，其服务质量是很稳定的。

旅途餐馆小费的支付只是挑战格劳孔道德怀疑论的众多行为中的一个小例子。很多人匿名向慈善机构捐款；还有很多人将捡到的钱包完好无损地归还失主，并分文不取；人们排着长队在恶劣天气中给总统选举投票，即使没有任何一个州会按任何个人的单张投票来决定总统竞选的结果。还有一些人因为大公无私的行为而付出巨大代价，比如有人会冒着生命危险救助困境中的陌生人，如果按照格劳孔的观点，这种行为完全不可能发生。

用纯粹的描述性语言来说，个体为社会共同利益所做出的牺牲一般是出于道德情感，比如共情力，或是出于树立值得尊重的个人形象的愿望。当顾客被问到为何在那些不会再次光临的餐馆就餐后仍然会支付小费时，他们的回答往往是不愿意看到服务员因提供了良好的服务却没有拿到相应的报酬而失望的样子。

UNDER THE INFLUENCE
解码行为传染

从整个社会的角度看，人们被道德情感所引导当然是件好事。但是也由此引出了有趣的问题，这些问题不仅针对格劳孔的观点，也针对达尔文的自然选择的进化论框架。根据达尔文的理论，物竞天择的压力塑造人类神经系统的方式，跟它对影响人类双眼和一对拇指的演变成形的方式是一样的：除非某个特定的特征有助于人类获取生存和抚育后代所需资源，否则任何人体器官在生存进化过程中都不会得到优先发展。从达尔文主义的角度来说，如果在一个地方作弊欺骗却不会受到惩罚，就别指望人们会放过在这样的环境里偷奸耍滑的机会。

在我学术生涯的早期，我花了大量时间来研究这个有趣的问题。后面我会努力说明，对能影响人们互相关系的社会信号的研究，也有助于调和个人利益与集体利益之间的矛盾冲突。**在绝对诚信的情况下，即使在竞争最激烈的环境中，也会出现真正满足高道德标准的行为。**

但是，如果格劳孔"不存在真正道德"的怀疑论并不完全成立，那么当一个人的同伴们都在积极地抓住机会偷奸耍滑时，他是难以抵御这种机会的诱惑的。我们可以看到，偷奸耍滑的驱动力有时比贪婪还要强大，因此，在一个缺乏有效执法的世界里，遵纪守法者常常连与他们的才能和努力相应的最低回报都无法获得。

这些论断背后的逻辑在一些简单的例子中可以清晰地显

第 3 章　对惩罚的恐惧让你成为一个更可信的人

现出来。让我们来看以下两种人之间的竞争：一种人为维护社会的共同利益，愿意牺牲个人利益，另一种人只关心狭隘的个人利益。在达尔文的进化论框架中，不同人群的人口增长率与其获取物质资源的能力呈正比例关系。毕竟，人不能靠道德情感为食，也不能依靠道德情感来养育子孙后代。只有在道德行为有助于获取资源时，其对进化斗争的影响才会被计算在内。

做正确的事情包括了原本可以避免的损失，否则我们只能称之为"做谨慎的事情"。因此，那些本质上有动机做正确的事情的人们不可避免地会受到机会主义者的排挤。

然而，这种情况并没有发生。为什么做正确的事情的冲动会为人们带来额外的物质利益，以弥补它导致人们承担的可避免成本呢？

为了搞明白这一切是如何发生的，我们来做个假设。

假设你是当地一个成功的企业家。你认为，如果在一个距你目前所在城市 200 千米以外的类似城市开一家分公司会很成功，但是你自己无法亲自管理，而且由于你也没有精力去监督你雇用的职业经理人，这使得你很难知道对方有没有欺骗你。你可以高薪聘请一位可靠的职业经理人，以期望赚取丰厚的利润。但一位没有诚信的职业经理人，可能会通过欺骗你获取更大的收益，从而导致分公司的亏损。你将无法索赔，因为除了没有诚信的管理层之外，还有很多其他可能导致公司亏损的原因。你可能无法知道、更无法证明你的职业经理人欺骗了你。此时，你还会决定开分公司吗？

在这种情况下，被聘用的职业经理人面临的是一个所谓"黄金机会"，即在不会被发现和处罚的情况下进行欺骗的机会。经济学家传统的利己模型会假设拥有黄金机会的人肯定都会偷奸耍滑。如果你认同这个假设，你就会预测到未来开设分公司会带来亏损，因此不得不放弃这个想法。需要注意的是，比起开设分公司并雇用可靠的职业经理人来管理的决策，这个放弃的决定对你和职业经理人来说，都更为糟糕。

你和职业经理人所面临的这种情况被经济学家托马斯·谢林（Thomas Schelling）称为"可置信承诺"。如果职业经理人职位的应聘者能够以某种方式承诺诚实经营，他应该愿意那么做。但仅仅承诺诚实经营似乎是不够的，因为在这种情况下，为了获得被聘用的机会，即使是不诚实的经理人也有可能做出同样的承诺。

那么，什么样的信号可以帮助你预判某个人会诚实地管理公司呢？下面这个假设为思考这个问题提供了参考框架：

第3章　对惩罚的恐惧让你成为一个更可信的人

假设你刚从一个拥挤的音乐厅回到家，却发现丢失了1万美元现金。这1万美元现金装在一个写有你名字和地址的信封里，显然，当你离开音乐厅时，信封从外衣口袋里掉出来了。你认为哪位和你没有任何血缘或婚姻关系的人，在捡到钱后一定会把它归还给你？

当我和我的学生讨论这个问题时，几乎所有人都肯定地回答，在大多数情况下，出现在他们脑海里的这个人，一定是相识多年的好友。

是什么让他们对这个人这么有信心？他们既然从没丢过这么大一笔现金，就不可能引述与朋友的类似经历来支持自己的预测。当我进一步追问时，大部分学生都用亚当·斯密、大卫·休谟以及其他早期哲学家都无法反驳的语言回答：自己如此地了解这个朋友，以至于确信这位朋友即使仅仅在脑海里闪过留下这笔钱的念头，都会感到非常地于心不安。

实际上，他们引用的是早期哲学家所说的"具有同情心的道德情感"，这个说法更接近现代用法中的"共情力"一词。需要注意的是，如果要用共情力来解决分公司的管理承诺问题，我们不需要令经理人束手束脚。如果雇用一位可靠的职业经理人能够获得足够高的收益，即使你对职业经理人的评估偶尔会出错，你开设分公司的期望回报仍然可能是正面的。

如果你的直觉和我的大多数学生们所表述的是一致的，那么就意味着你认同道德情感在竞争环境下仍可持续发挥作用这一基本前提。因为只有在人与人之间互相信任时，某些生意才会有利可图，这时信任实际上变成了有价值的经济资产。值得信任的经理人在不被监督的情况下不会偷奸耍滑，这种行为将会转化为用来避免不信任的成本。也就是说，如果他可以让雇主确信他是值得信任的人，那么他可以要求雇主支付较高的薪酬。

由于有助于解决前述的承诺问题，因此能促使人们相互信任的道德情感受到了自然选择法则的青睐。为了达到这个目的，这种情感必须满足两个要求：第一，人们愿意为追求更高尚的目标而将狭隘的个人利益放在次要地位；第二，有人能做出从统计意义上来说可以信赖的评估，以评判一个潜在的商务伙伴在多大程度上可以受到信任。

具体谈到共情力，大量证据都似乎表明，这些要求都得到了满足。达尔文就曾描述过在大脑的情感状态与面部表情、肢体语言之间存在着盘根错节的联系。图 3-1 虽然仅仅显示了一些细节，但具有不同文化背景的人都会认为这幅图表达的是悲伤、同情或类似情感。这个表情要求鼻梁上的锥状肌收缩，同时要求眉毛中间的皱眉肌运动，很多人并不能按要求完成这个表情（你可以坐在镜子前试试）。但当你经历相应的情绪时，相关的肌肉会自然而然地显示出这种表

第 3 章　对惩罚的恐惧让你成为一个更可信的人

情。假如你脚趾头因碰到了硬物而异常疼痛，这可能会让一个看到你受伤了的熟人也立刻表现出这种表情，而看到你受伤却没有表现出这种表情的人，获得你信任的概率就相对较小。

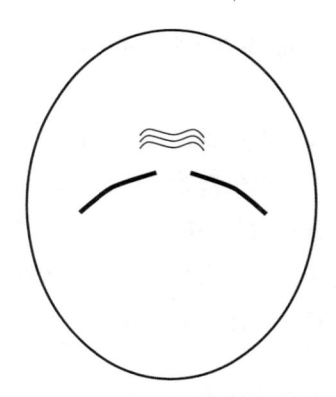

图 3-1　表达悲伤、同情或类似情感的表情示意图

当然，简单的面部表情并非我们唯一可以依赖的线索，甚至算不上是特别重要的线索。我们往往会根据与他人长期接触中所接收到的一系列微妙信号来塑造对其的印象，这些信号中的大多数都是我们在潜意识中感受到的。基于这一印象，我们会从潜在的商务伙伴中选择这样一些人：他们在作决定的时候，最有可能不仅考虑自己的利益，也会考虑对方的利益。当两个人之间存在强有力的共情纽带时，他们大概率就能做到互利互惠，即使在不会被发现和处罚的情况下选择欺骗能赚得更多。

这一观点中一个很明显的风险在于，不诚实的人会有强烈的动机去模仿其他人用来识别某个人是否值得信赖的那些信号。怀疑论者认为，这种模仿将始终阻止可靠的诚实信号的出现。

值得被信任的信号

尽管存在着反对的声音，特定的情绪往往伴随着可观察的特征性信号这一观点仍被绝大部分人认可。无数研究者证实过达尔文的主张：大脑中的情绪区域会产生一系列可见的自主神经系统反应。并且大量的证据也表明，人们在与别人互动过程中遇到社交困境（判断困难）的时候，会依赖这种线索。

在前述假设中，如果你有信心能够识别出那个会交还遗失的信封给你的人，那么就说明了即使在激烈竞争的环境中，你仍认可真正的道德情感存在的基本前提。但是，也有实验证据表明，在一个能检验出某个人是否可靠的环境里，人们还可以预测这个人的行为。

行为传染实验室　我和康奈尔大学的同事托马斯·吉洛维奇（Thomas Gilovich）、丹尼斯·里根（Dennis Regan）发现，在一个无法检测是否存在欺骗行为的游戏实验中，被试做出的关于谁会在游戏

第 3 章　对惩罚的恐惧让你成为一个更可信的人

中欺骗别人的预测惊人地准确。传统的利己模型会预判在这一条件下所有人都会欺骗他人，但我们在实验中却发现 74% 的被试表现诚实，剩下 26% 的被试欺骗了他人。这个实验的重点并非欺骗的比例，而是被试能否预测哪个人在实验中会出现欺骗行为。

正如一块停止的手表每天也有两次会显示准确的时间，随机选择也有蒙对的时候，当 26% 的人在实验中欺骗了他人，那么随机预测欺骗行为准确率将会是 26%。然而，在那些被预测会有欺骗行为的人中，有 57% 的人的确欺骗他人了。如此高的预测正确率发生的可能性不到千分之一。

需要说明的是，这个实验中的被试彼此都不熟悉，而且他们在开始预测之前的互动时间只有 30 分钟。如果我们让那些老熟人去做预测，几乎可以肯定预测准确率会更高。

如果可以轻易地观察到那些能识别出诚实的潜在交易伙伴的信号，并且这种观察结果完全可靠，那么人们就会只跟那些被信号识别为可以信赖的人进行交易。在这种情况下，只有值得信赖的那些人才能长期生存下来。在进化的竞争中，受到互相欺骗困扰的生意的回报就非常低，因此那些不诚实的人最终会被淘汰。

但这显然不是我们所生活的世界。能够让我们用于预测他人行为的信号不仅不完美，而且需要花很长时间来观察和评估。如果一个群体中的每个人都值得信赖，那么这种观察和评估的努力就是白费功夫，这好比在一个从未发生过入室盗窃的社区给住户安装昂贵的家庭安全系统一样。这意味着，一个最初仅由值得信赖的人组成的环境将给不诚实的"变异人"带来大量发财的机会。因为大多数人不会为仔细调查潜在的生意伙伴花时间，所以这些"变异人"随时都可以找到轻信他人的受害者。在这个过程中，他们就能以更快的速度获取资源，从而提高他们这类人在人口中的占比。然而，一旦不诚实的人的数量变得足够多，那些诚实的人在付出代价后，就会更加小心地筛选潜在的商务伙伴。

反之，如果一个群体的最初组成人员都是些不诚实的人，那么类似的动态变化情况仍会出现，不过这次双方人员是反过来的。少部分诚实的"变异人"发现自己生活在这样一群人当中之后，在审视潜在商务伙伴时会特别小心。他们只会与自己绝对信赖的人打交道，因此也会比不诚实的人获得更高的回报，而不诚实的人则会因为互相欺骗而获得较低的回报。

在这种进化模式下，最后全部人口中不可避免地会混杂着诚实和不诚实的人。简单来说，这种组成跟现实中几乎所有国家人口的组成是很相似的，而在一个像这样人口混杂的地方，行为传染就变得特别重要。

这是因为，因人而异的"信号"（比如了解某个潜在商务伙伴的声誉，以及你对他是否喜欢你和关心你的利益的判断）并没有那么简单。因此，是否信任某个人应该不仅仅取决于那个人特有的"信号"，更要取决于你对于人群整体的可信任度的了解。因此，对于某个人释放的独特信号的组合，如果你基于以前的经验认为值得信赖的人口占比是80%，而不是30%，那么你很可能认为他是值得你信赖的。

这个简单的例子有助于解释为什么规则和执行如此重要。当遇到黄金机会的时候，那些值得信任的人会被选中作为商务伙伴，但这只有在寻找商务伙伴的人能足够准确地把他们识别出来时才可能发生。因此，**虽然真正的信任有可能出现在没有规则的世界里，但是在任何一个族群里，它能否普遍出现，在很大程度上取决于法律和规范的执行力度。**

道德领域的行为传染

为什么会这样呢？首先，就像格劳孔曾说的那样，高效的执法意味着欺骗常常无法得逞，这使得人们出于谨慎考虑就会诚实经营。然而，许多人即使遇到黄金机会，或者不可能被人发现的欺诈机会时，仍然表现得诚实如常，就像亚里士多德认识到的那样，产生这种自律的道德情操不会凭空冒出，恰恰相反，它们是依靠习惯的力量培养出来的。威尔·杜兰特（Will Durant）用自己的理解阐述了亚里士多德的观点："重复的行动成就了我们。所以美德并不是一次行动，而是一种习惯。"

执法非常重要，这是因为那些因害怕受到惩罚而不得不在大多数情况下诚实守信的人，会逐渐形成一种即便在面临难得的可以欺骗他人却不会被发现的机会时也会诚实经营的倾向。因此在一个严格执行法律和规范的社会，即使遇到黄金机会也会固守诚信经营的人在该社会中所占的比例就会更高。

UNDER THE INFLUENCE
解码行为传染

论述至此，行为传染在道德领域里的信任方面所表现出来的巨大力量已经非常明显了。任何会减少诚信人口在总人口中的占比的环境变化（比如执法力度的放松），都会触发一个恶性循环，这个循环会进一步降低诚信人口的比例。而每次的降低都会导致那些被选中为诚信的商务伙伴的实际回报的减少，这会导致总人口中诚信人口的进一步减少，依此类推……

简而言之，虽然格劳孔对于在缺乏严格执法情形下不存在真正相互信赖的可能性的判断几乎肯定是错误的，但因此

第3章 对惩罚的恐惧让你成为一个更可信的人

而否定执法的重要性也是不对的。恰恰相反,虽然道德准则可以自发进化,但是如果没有法律和社会压力加以约束,基于这些道德准则的行为就会大大地减少。

在道德领域里,行为传染展现力量的另一个方面是:人们在看到不守规矩的人在损害自己利益的基础上获得好处时会感到愤恨。这在前文所述的餐馆服务员的例子中是显而易见的,服务员报酬中的一大部分都来自现金小费,而税务局是很难监控这种收入的。①

> 假设你现在面临这么两个选项:去一家工厂工作,赚税前周薪1 000美元的固定工资;或者去一个餐馆工作,赚500美元的税前周薪加上相等金额的小费。抛开薪资因素,这两份工作对你具有相同的吸引力。而且,因为你是个诚实的人,你计划按20%的所得税率为所有来源的收入纳税,所以无论你选择哪份工作,你的税后周薪都会是800美元,这两份工作对你来说没有区别。
> 再假设很多工人对这两份工作持有跟你一样的想法,但是有一点例外:他们认为不申报税务局无

---

① 事实上,美国大多数地区的税务局都试图监控小费和类似的现金支付,因此,更准确的说法是,这种现金收入被税务部门低估了而不是完全没有被计入。但在本书中,为了简化讨论,我将假定小费根本无法被税务局监控。

法监控的小费是无伤大雅的小事。因为有一半的周薪可以不用纳税,所以这些工人就会转行做餐馆服务员,他们在餐馆赚取的税后周薪也会比在工厂时的周薪高出 100 美元。

结果就会出现过多的人想从事餐馆服务员的工作,而想去工厂工作的人却偏少的情况,这样在市场供需再次平衡之前,工资水平就不可避免地会出现调整。为了简化推导过程,我们假设来自外国的竞争不会推高工厂的工资水平,因此,只有餐馆服务员的工资会出现调整,一个可能出现的情况是:所有餐馆服务员的空缺岗位都被那些希望借助小费避税的人填充了,然后新入职的餐馆服务员的工资就会下降,这种下降一直会持续到他们的税后收入降至 800 美元,也就是与工厂工人的税后收入相等为止。这意味着一个服务员的周薪会从 500 美元下降到 375 美元。

此时,那些诚实的餐馆服务员面临的难处是显而易见的:如果他为自己每周收到的 500 美元小费缴税,那么他的税后周薪将只有 700 美元,这比工厂工人的税后周薪少 100 美元。而且因为他原本有机会作为一个依法纳税的工厂工人每周赚 800 美元,所以他可能会合理地推断自己为小费纳税是不公平的。

第3章　对惩罚的恐惧让你成为一个更可信的人

我把这个例子称为"服务员的困境",它解释了为何存在相互影响的社会环境中的欺骗动力比孤立的社会环境中的欺骗动力更大。我们可以看到,很多人即使在遇到黄金机会时也抵挡住了利益的诱惑,但是当一个人的伙伴都在毫无顾忌地抓住这些机会的情况下,要抵抗这种机会的诱惑就会变得出奇地困难。的确,我们很容易就能理解为什么餐馆服务员会认为申报无法追踪的现金收入而导致自己收入降低是不公平的。

UNDER THE INFLUENCE
解码行为传染

也许没有任何政策领域比税收更能强烈地体现出行为传染和传统的经济激励机制可以相辅相成的情况。关于预测人们会在多大程度上遵守自己国家的税收法律的传统经济学模型,几乎全都聚焦在狭隘的物质激励上。当然,执法在这些模型中也很重要,不过当我们把行为传染效应考虑进来后,传统模型里执法的重要性就显得相形见绌了。

经济学家开始认识到社会力量在这个领域里扮演着重要的角色。比如,詹姆斯·安德雷奥尼(James Andreoni)和他的合作者,就提出了税务合规也受到规范和社会互动影响的证据。这一观点也获得了詹姆斯·阿尔姆(James Alm)和他的合作者所做的实验结果的支持。布雷恩·伊拉尔德(Brian Erard)和乔纳森·范斯坦(Jonathan Feinstein)

093

认为，道德情感（如愧疚和羞耻）也是税务合规的重要决定因素。迈克尔·斯派塞（Michael Spicer）和L. A.贝克尔（L. A. Becker）提供的实验证据表明，当被试认为他们被不公平地征税的时候，他们就很可能做出偷税漏税的行为。

行为传染实验室

经济学家乔切·帕佐德（Jörg Paetzold）和汉尼斯·温纳（Hannes Winner）进行了一项创新研究，旨在揭示同侪行为对逃税程度的影响。他们在研究中使用了允许工人们基于抵税目的从收入中扣除通勤费用的奥地利政府公开的数据。基于这种补贴，工人们自己申报他们的通勤距离，然后由其雇主审核数据的准确性。但由于很多雇主在核实步骤中投入的资源有限，所以虚报几乎不会给工人带来任何受到惩罚的风险。在将详细的税务数据和工人实际通勤距离的数据加以整合之后，帕佐德和温纳证明了过度申报通勤费用的抵扣实际上是非常普遍的现象。

这个结果本身并没有让人惊讶的地方。对于本书而言，这个研究更有趣的地方在于，作者分析了这些夸大的申报在多大程度上受到了同侪行为的影响。为了估计这种影响的量级，研究者只是聚焦在当前税务年度跳槽到新公司的工人身上。这些工人所在新公司的逃税程度如果等于或小于他们以前的公司，逃税比例基本维持不变；反之，这些工人的逃税比例增加的幅度甚至远高于新同事与旧同事的逃税比例之差。

雇主们隐约意识到，如果逃税的行为几乎不会招致任何惩罚的风险，那么他们就不需要支付高工资去吸引他们需要的那些雇员。出现这种情况的后果之一是，那些知道他们的同事在偷税的雇员就面临着我们在前面讨论过的"服务员的困境"。在这种情况下，那些在纳税申报上特别诚实的雇员可能就会合理地认为雇主不公平地少付了薪水给自己。因此，即使在奥地利这个普遍被视为遵守规则的国家，人们也未能神奇地免疫于同侪影响。

税收合规水平较低的国家在社会运行上更处于明显的劣势，它们经常不能稳定地获得支持普遍广泛的经济增长和社会繁荣所需的基础设施投资款。相比之下，那些税收合规水平较高的国家长期以来就拥有巨大的优势。在2004年发布的基于"6分制税收合规水平"对30个工业化国家和地区进行排名的研究报告中，美国以4.47分排名第7位，位居榜首的是新加坡（5.05分），后面依次为新西兰（5.00）、澳大利亚（4.58）、英国（4.67）、中国香港（4.56）和瑞士（4.49），排名最后的是意大利，它的得分为1.77。

如果大多数民众相信其他人都在依法纳税，那么税收合规水平就会较高。但是，一旦考虑到行为传染的因素，这种信任就会变得非常脆弱。忽略同侪效应的传统模型认为，如果税收执法力度的降低会导致人们认为自己不太可能因逃税而被惩罚，那么逃税的现象必然会增加。但是，由于很少会有纳税人愿意当傻瓜，降低执法力度的间接影响可能会掩盖其直接影响，所以一旦人们意识到别人逃税却没有受到惩罚，那么就会很快引发爆炸性的连锁反应。

自 2011 年以来，美国国会中的共和党一直在削减美国国家税务局（IRS）的预算，这导致 IRS 相应地减少了执法活动。2017 年 11 月，IRS 的税务犯罪部门仅查处了 795 起以税收欺诈为主要罪名的犯罪案件，这个数字与 2010 年相比减少了 25%。2017 年，这个部门审计个人收入的比例仅仅为 1/161，而 2011 年这个比例为 1/90；同样在 2017 年，公司收入审计比例仅为 1/101，而 2012 年的这一比例为 1/61。

相对于普通企业和个人而言，处于收入金字塔顶端的个人和公司被审计的概率下降得更快。2017 年，年收入超过 100 万美元的人群中，仅有 4.4% 的人接受了审计；而那些资产规模超过 1 000 万美元的企业，审计率由 2012 年的 17.8% 骤降至 2017 年的 7.9%。

这些变化与 2017 年 12 月通过的一项复杂而广泛的美国国家税法改革叠加在一起，就显得非常不合时宜。该立法重新区分了不同类型的收入，并针对这些收入按不同的税率征税,这就为通过重新界定收入以避税提供了强大的动力。正如美国智库预算和政策优先事项中心(CBPP)的艾米莉·霍顿(Emily Horton)所写:

> 如果 IRS 不能避免这种博弈,减税措施可能会比官方预测的更加昂贵,其结果也会更有利于富人。尽管新税法带来了前所未有的执法挑战,2018 年的政府资金拨款法案仍然将执法预算大致维持在了上一年的水平。新的博弈机会,加上捉襟见肘的经费拨款和过于饱和的工作量,可能会鼓励富人突破新税法的约束。

根据在 IRS 预算削减之前完成的研究的数据,收入前 0.5% 的富人在所有未申报收入中的占比为 1/5。新的执法环境显然让美国人良好的依法纳税传统进一步处于风险之中。IRS 专员约翰·柯斯基宁(John Koskinen)在 2015 年写道:

> 我们估计,今年审计率的下降和欠税催收案件的减少会导致政府收入至少损失 20 亿美元,而如果没有前述因素,这些税收损失原本是可以避免的。基本上,政府正在以付出数十亿美元的代价去实现节约数亿美元预算的目标。因为我们估计 IRS 每增加 1 美元的预算投入可以产生 4 美元的税收,

所以当 IRS 自 2010 财年开始裁减执法人员后，我们估计其累计效应是每年会给政府带来 70 亿～80 亿美元的收入损失。

柯斯基宁援引的数据仅涉及 IRS 预算削减之后引起的直接损失，也就是基于当前收入产生的税收损失。但是因执法活动减少导致的更严重的威胁是：将来的财政收入赤字会因为行为传染而大幅上升。长期而言，IRS 每减少 1 美元预算，其代价很可能远高于柯斯基宁在报告中提到的 4 美元的损失。

有些人的逃税行为甚至连他们最亲近的同伴都不知道。但是至少一部分逃税行为会被公之于众。对这类事件的揭露不可避免地会削弱公众依法纳税的意愿。

亚当·斯密的许多当代拥护者都会歌颂他的"看不见的手"理论。他们认为，这只"看不见的手"会指挥市场的力量基于个人的利益去服务于更广泛的社会利益。正如亚当·斯密在《国富论》中所写："我们不能指望肉贩、酿酒师和面包师出于好心来给我们提供晚餐，而要指望他们基于他们自己的利益来为我们提供服务。"

然而，在"看不见的手"的力量这个问题上，亚当·斯密远比他的许多当代拥护者更为谨慎。他明白，单纯依靠个人利益无法让大众获得的利益最大化，并相信在缺乏精心构建的法律和道德准则的情况下，市场不可能充分发挥出其应有的作用。

诺贝尔经济学奖的两位获得者乔治·阿克洛夫（George Akerlof）和罗伯特·席勒（Robert Shiller）认为，在亚当·斯密的"看不见的手"理论中，那些能驱使卖家为了提升质量、节约成本而努力创新的激励因素，也同样会驱使他们充分地利用欺骗消费者的机会去获利。

即使基于对于人性的最乐观的假设，上述行为的发生概率也会相当高。由于存在行为传染，每次欺诈行为得逞对社会造成的损失都会数倍于它对个人造成的直接损失。因此，投入打击欺诈活动的资源回报远高于一般预期。

唯一会因为这种投入而必然遭受损失的那些人，恰恰就是我们最希望看到他们会损失的那些人。

UNDER THE INFLUENCE

第 4 章
朋友的习惯也会变成你的习惯

为什么夫妻中有一个人变胖了,
另一个人变胖的可能性也会大大增加?

———————
UNDER THE INFLUENCE

第 4 章　朋友的习惯也会变成你的习惯

"无论好坏,榜样都有巨大的影响力。"乔治·华盛顿在 1780 年 3 月 5 日写给美国独立战争将领斯特灵勋爵(Lord Stirling)的信中写道。

我们已经知道,人类行为会受到环境因素特别是同伴行为的影响,但是很多这些因素本身也是我们自身行为累加的结果。相对而言,几乎没有人注意到因果推理流程也可能会反向而行,当然似乎我们不应该对此感到惊讶,因为任何个人的行为对整体环境造成的影响通常都是可以忽略不计的。

我在本书引言里讨论人们在决定成为吸烟者这个问题进行决策的时候,阐述了上述观点。大量证据表明,一个人将来是否会成为吸烟者,最重要的预测指标是他身边朋友的吸烟者占比。但我们可以很肯定地说，在认真考虑是否吸烟的人当中，很少有人会想到自己的吸烟行为可能会影响周围的人也成为吸烟者。

令公共卫生倡导者感到欣慰的是，在最近几十年里，美国和许多其他工业国家的吸烟率一直在急剧下降，这在很大程度上应归功于更高的烟草税和其他控烟措施。但是监管部门并没有把行为传染当作实施这些控烟措施的理由。相反地，他们坚持认为需要法规来保护无辜市民免受二手烟的伤害，或避免纳税人为吸烟者的医药费用提供补贴。然而，这些伤害与吸烟者实际造成的吸烟危害无法相比。吸烟者会增加周围的人染上吸烟习惯的可能性。因此，一旦我们认清一个现实，即吸烟者对自己造成的伤害远小于通过让周围的人更容易变成吸烟者的方式对身边的人形成的伤害，那些以"政府没有义务保护人们免受他们自己行为所造成的伤害"为由反对控烟的说辞，就失去了说服力。

社会环境会对我们的行为产生巨大的影响，虽然有时候这种影响是正面的，但更多的时候是负面的。由此可见，**社会大众具有从着眼于个人行为对于环境产生的影响的角度出发来塑造个人行为的合理诉求。**

在本章中，我将更详细地探讨研究人员在吸烟领域对行为传染效应所了解的内容。我还将讨论肥胖和过度饮酒会在多大程度上受到行为传染的影响。

行为传染与吸烟

评估行为传染对某种具体行为（比如吸烟）的影响力，似乎是件很简单的事情：具有某种个人特征的人吸烟的可能性，会如何随着身边伙伴吸烟比例的变化而变化呢？我们只需要审视这一点就可以了。研究人员很早就通过调查数据证实了二者之间存在很大的正相关。比如，心理学家劳丽·蔡辛（Laurie Chassin）和她的合作者曾经就吸烟行为连续数年跟踪询问过近 4 000 名从 6 年级到 11 年级的学生。她们发现，那些在第一次调查时没有吸烟但拥有更多吸烟者朋友的学生，在第二次调查时变成吸烟者的可能性更大。

但是，调查数据中显示出的简单相关性并没有回答政策制定者们最感兴趣的一个问题：人们应该如何应对同侪行为的变化？经济学家查尔斯·曼斯基（Charles Manski）在 1993 年发表的一篇很有影响力的论文中曾这样解释，所有观察到的相关性都可能是由除直接的行为传染之外的因素造成的。例如，如果某个社区的吸烟率很高，并且青少年的吸烟习惯主要受其父母吸烟的影响，那么某个青少年吸烟的概率与他身边朋友吸烟的比例之间，就存在着相关性；但是如果父母的影响是此相关性唯一的来源，旨在降低同侪吸烟率的政策就无法减少任何某个特定的青少年吸烟的可能性。

同样地，即使某个人吸烟概率的高低取决于其朋友的吸烟率，我们也几乎可以肯定这个概率同时也会受制于一些其他基因和环境因素的影响。并且朋友里的成员在大多数情况下并非随机性地组合在一起的，拥有相似的基因和环境背景的人往往会倾向于选择成为彼此的朋友。因此，在这种情况下我们仍可以在某个人吸烟的可能性与其朋友的吸烟比例之间观察到某种相关性，但是这种相关性并不能成为某个人吸烟会增加其朋友成为吸烟者的可能性的证据。烟草税仍会降低吸烟对同侪群体中每个成员的吸引力，但是由此导致的其他成员较低的吸烟率，并不会增加此群体中某特定成员戒烟的可能性。

因此，为了估计政策制定者最感兴趣的直接的行为传染，研究者就必须想方设法控制两种可能重要的混杂效应：除直接的行为传染以外的外部诱因常常很重要；人们通常是以相互选择而不是随机分配的方式来结成同伴。

在关于青少年吸烟行为的研究领域，有一份研究报告因作者在研究中试图控制潜在的偏差来源而脱颖而出。基于一个大规模的、全国性的美国青少年样本库，经济学家米尔·阿里（Mir Ali）和德布拉·德怀尔（Debra Dwyer）创建了一个多变量统计模型，其中他们控制了各种环境因素和同侪选择机制。这些同侪群体不仅包括亲密的朋友，也包括其他同学。同侪群体的吸烟率则是通过调查对象报告的香烟消费情况计算而来的。

即使在他们调整了潜在的混杂变量效应后，阿里和德怀尔预测源自同伴行为的直接因果影响仍然是巨大的。在这个样本中，某个青少年周围的同学的吸烟率每提高10%，该青少年吸烟的概率就会提高3%。他们还在报告中提到，朋友间的行为传染效应比同学间的更加明显，如果某个青少年的亲密朋友的吸烟率提高10%，那么该青少年吸烟的概率就会增加5%。

这个简单例子中的数据，说明了行为传染效应所造成的危害远超过二手烟引起的伤害。

现在我们来假设一下，在一个由100名青少年朋友组成的群体里，吸烟者的数量从10人增加到20人，即此群体吸烟率提高了10个百分点（由初始的10%增加到最新的20%）。根据阿里和德怀尔的理论，这个变化的行为传染效应会让该群体每个成员成为吸烟者（或者保持吸烟者身份）的可能性提升5%。该群体有100名成员，因此这意味着预计会新增5名吸烟者。

但是事情到此并未结束，这5名新吸烟者让该群体的吸烟者总人数由20名增加到25名，吸烟率再次提升了5%。而第二轮行为传染效应预计会再

107

额外提升 2.5% 的吸烟率，这意味着又会增加 1.25 个吸烟者，以此类推。当然，后面轮次的效应很快会变得微不足道，但是在这个吸烟者依次增加的过程结束之后，这 100 名成员组成的群体最终增加的吸烟者数量将是初始增量的两倍。

当然，多数青少年拥有的朋友数量可能并没有 100 人那么多，我之所以一开始就列举如此人数众多的一个朋友群体，主要是便于我描述这个例子。不过，少于 100 人的朋友群体的例子也会得出同样的结论。例如，假设在一个由 5 名朋友组成的群体里，吸烟者的数量由 1 名增加到 2 名，也就是增加了 20%，根据阿里和德怀尔的预测，这将会使得这个群体里的每个成员成为吸烟者（或者保持吸烟者身份）的可能性增加 10%，并且会进一步使得这个群体出现更多的吸烟者，依此类推。因此，这起初 1 名吸烟者数量的增加，最终产生的效果应该是 1+0.5+0.25+0.125+0.0625+……=2.0。所以，无论选择哪种规模的同侪群体，都不会改变这个核心结论：**一个群体中存在的同侪影响会让任何一个成员决定成为吸烟者后所产生的影响力加倍。**

即使如此，上述例子实际上仍然低估了同侪影响对青少年吸烟的影响程度，原因是这些例子都没有考虑在最初的同伴群体之外的、存在于其他伙伴之间的传播渠道的因素。最初的 100 人组成的群体是由我从单个具体成员的角度来构

第 4 章　朋友的习惯也会变成你的习惯

建的，然而在实践中，其余 99 人在构建自己的同侪群体时，不仅可能包含最初就属于这个群体的一部分人，还可能会包括许多最初不属于这个群体的"外部成员"。所以，当最初不属于这个群体的外部成员变成吸烟者时，其余 99 人各自构建的每个群体的吸烟率也会随之水涨船高，这会导致更多的外部成员变成吸烟者，依此类推。

这个过程最终会导致什么结果？显而易见，这取决于诸多其他的环境因素，其中最关键的是每个初始群体成员个人构建的同侪群体之间的重合度。

但假设我们暂且忽略这些额外的传播渠道的影响，仅仅聚焦于这个初始群体的同侪效应。从阿里和德怀尔的预测中可以看出，一个由青少年朋友组成的群体，无论其成员数量有多少名，只要这个群体中新增一名吸烟者，其单独对该群体的直接影响就会使得另外一名成员也染上烟瘾。

那些希望能避免自由主义者反对烟草税和控烟措施的政策制定者，总是强调控烟措施并非出于家长式管教，也并非出于避免让吸烟者伤害自己的目的。恰恰相反，这些措施是为了把二手烟给无辜者带来的伤害控制在一定范围之内。

暴露在二手烟的环境中的确会给无辜者造成实际伤害，但是这种伤害与对吸烟者本人造成的健康恶化的后果比较起

109

来，可以说是极其微小的。并且，当一个人开始吸烟后，其最大危害是他会导致"其他人"也开始吸烟，而这个"其他人"原本是不会吸烟的。

就像监管政策的反对者坚持认为的那样，在同伴影响下开始吸烟的这些人不是被逼的。他们有自主权，他们中的许多人甚至还曾抵制过吸烟。但是在一个人数众多的朋友圈中，每增加一个吸烟者会导致此群体中的另外一个原本不吸烟的成员变成新吸烟者，或者让原本就吸烟的成员继续保持吸烟者的身份。尽管许多人会努力避免这种危害，比如那些不希望自己孩子染上烟瘾的父母们，但却无能为力。

我的四个儿子成年后，没有一个成为吸烟者，这要归功于当今美国的吸烟率还不到我青少年时期的 1/3。如果这些严格的控烟措施的唯一目的是避免二手烟的危害，那么即使产生了这种结果，它们仍是很难服众的。不过，这些监管政策显然避免了更大范围的危害。当更多的人群中持续地存在高比例的吸烟者时，同侪效应会持续地产生巨大的危害。如果我们采取了更严格的控烟措施，从而使得下一代的吸烟率进一步下降，还会有人觉得这一做法是错误的吗？

行为传染与肥胖症

行为传染还被证明会导致肥胖症人群的急剧增长。

第 4 章　朋友的习惯也会变成你的习惯

肥胖症通常被定义为相对身高而言过重的体重。体重指数（BMI）是用一个人的体重（以千克为单位）除以身高（以米为单位）的平方得到的商。一个人的 BMI 如果超过 30，就会被归类为肥胖；那些 BMI 在 25 ~ 30 范围内的人则会被视为超重。

肥胖症会加大感染各种健康问题的风险，这里面包括抑郁症、2 型糖尿病、心血管疾病、某些癌症以及其他原因导致的总体死亡率。然而，有些研究者却认为这些风险被夸大了。人们普遍认为，与肥胖相关的风险在严重程度上比吸烟要小。

但是，肥胖症导致的风险仍是相当大的，而且肥胖症患病率正在上升，几乎没有人会反对这一点。1960—1994 年，美国成年人中超重人群的比例一直徘徊在 31% 左右，但是肥胖率却在同一期间由 13% 快速攀升至 23%。1994 年，超过一半以上的美国成年人属于超重或者肥胖人群。2004 年，美国成年人中的肥胖人群占比增长到了 32%。2016 年完成的一项调查显示，这一数字接近 40%。某些人群的肥胖率明显地要比其他人群高得多，比如西班牙裔人群（43%）和非西班牙裔黑人（48%）。在极度肥胖（BMI 大于 35）方面，男女之间存在显著的性别差异，女性极度肥胖者的数量远多于男性。

行为传染效应 UNDER THE INFLUENCE

尼古拉斯·克里斯塔基斯（Nicholas Christakis）[①]和詹姆斯·富勒（James Fowler）于 2007 年 12 月在《新英格兰医学杂志》(*New England Journal of Medicine*)上发表了一项开创性的研究，向科学界介绍了同侪影响与肥胖率的上升有着明显的密切联系。两位作者研究了一个由 12 000 多人组成的高度相互关联的社会网络，这些人在 1971—2003 年期间定期接受了著名的弗雷明翰心脏研究项目的医学研究。每次评估不仅记录了每个人的 BMI，而且记录了大量的其他数据，这使得研究者可以观察到一个人体重的增加与他的朋友、兄弟姐妹、配偶和邻居们体重增加之间的关系。

那么，是什么因素导致他们在一开始就认为行为传染可能是肥胖症扩散的主要原因呢？在报告摘要中，克里斯塔基斯和富勒作了如下说明：

> 在某种程度上，肥胖可以说是一种自主选择或自愿行为的结果。事实上，人们都存在于社会网络之中，并且受到周围人的外表和行为的影响，这意味着一个人的体重增加可能会导致其他人的体重增

[①] 哈佛大学社会学教授、社会网络研究权威专家，因研究社会网络如何形成与运转而享誉世界。2007 年，他关于社交网络和肥胖症的研究引起了全世界医学界的关注。2009 年，他被《时代周刊》评选为"全球最有影响力 100 人"之一。他的著作《大连接》（与詹姆斯·富勒合著）、《蓝图》的中文简体字版已由湛庐引进，分别由北京联合出版公司于 2017 年 8 月、四川人民出版社于 2020 年 7 月出版。——编者注

第 4 章　朋友的习惯也会变成你的习惯

加。如果某个人的社会关系网中有肥胖者,他对肥胖的容忍度,以及他对某些具体行为(比如吸烟、饮食和锻炼)的接受度都可能会受到影响。除了这种严格的社交传导机制之外,还可能出现心理上的模仿:观察到别人做出的进食等行为,会刺激大脑中与之相关联的某些区域。因此,推导出行为传染是肥胖症的诱因之一的结论,是有一定依据的。

克里斯塔基斯和富勒观察到,弗雷明翰心脏研究项目的参与者中存在肥胖者聚集现象。例如,如果 A 把 B 视为朋友,并且起初 A 和 B 都不是肥胖者,那么一旦 B 变成肥胖者,A 变成肥胖者的概率会增加 57%。如果 A 和 B 互为朋友,那么这个效应会显著放大。也就是说,如果 B 也把 A 视为朋友,且在这种情况下 B 变成肥胖者,那么 A 变成肥胖者的概率会增加 171%。

这种肥胖与社会网络之间联系的强弱程度主要取决于性别。例如,如果一位男性的男性朋友变成肥胖者,那么该男性也会变胖的概率会增加 100%;如果一位女性的女性朋友变成肥胖者,那么该女性变胖的概率却不会大幅增加。此外,异性朋友之间的体重增加不存在相关性。

在成年兄弟之间,如果其中一位变胖,那么另外一位变胖的概率会增加 44%;在成年姐妹之间,这一数字是

67%。但是在兄妹或者姐弟之间，并不存在明显的相关性。在夫妻之间，如果丈夫变成肥胖者，那么妻子发胖的概率会增加44%；妻子变胖也有类似的效果，即丈夫发胖的概率会因此增加37%。

就像吸烟的例子一样，这种相关性本身并非行为传染的证据，因为这可能是研究参与者们的选择效应或者其他常见因素发生作用下的结果。对于群体性肥胖现象，克里斯塔基斯和富勒提供了三种不同的解释：首先，人们可能选择与相似的人交往（同质性）；其次，某些未被关注到的、同时发生的事件可能会导致人们的体重同时产生变化，因为人们可能要么拥有同时产生体重变化的某些共同属性，要么受到了这些事件的影响（混杂效应）；最后，人们之间可能会互相施加社会影响（诱导效应）。

弗雷明翰心脏研究报告提供了极为翔实的数据，这使得克里斯塔基斯和富勒能够厘清那些关于群体性肥胖的、相互矛盾的解释，比如"一个人体重的增加不会受到隔壁邻居体重增加的影响""地理距离不会改变朋友和兄弟姐妹之间的影响"。这有助于排除共同接触当地环境因素的解释。研究者也对照了人们以前的体重状态，以帮助解释那些长期保持稳定的混杂因素，比如童年经历或者基因遗传。而且通过对照以前的体重状态，研究者就能够对肥胖者的体重之间的互相关联的可能趋势做出解释。

第 4 章　朋友的习惯也会变成你的习惯

UNDER THE INFLUENCE
解码行为传染

关于行为传染效应的方向性研究表明，同侪之间肥胖的相关性并非同时暴露于未能注意到的环境因素导致的（因为如果同侪同时变胖，那么这种影响不会背离朋友关系的发展趋势）。研究者还指出，在同性朋友以及兄弟姐妹之间观察到的更强的肥胖相关性，在人们更可能受到与自己更相似的人的影响这种合理假设的基础上，进一步支持了行为传染的假设。

有证据显示，肥胖是引发 2 型糖尿病的主要风险因素，而 2 型糖尿病则是心脏病和肾病的主要风险因素。肥胖不仅严重威胁着身体的健康，而且有大量报告表明肥胖还有在不断被社会污名化的趋势，并且这两种情况都在急剧恶化。2011 年《柳叶刀》发表了一个非常详细的模拟模型，该模型预测，到 2030 年将有大概 50% 的美国成年人被归类为肥胖人群。

行为传染实验室

另一个关于肥胖具有社会传染性的证据，来自一个把军事人员转运到新地区的自然实验：那些被分配到肥胖率水平高于平均水平 1% 的地区的军人们，相对于那些被分配到肥胖水平处于平均水平的地区的军人们而言，他们在执行任务期间变为肥胖者或者体重超重的可能性会增加

5%。与社会性传染假设一脉相承的是，变胖的可能性还会随着在该地区执行任务时间的增加而增加，而且生活在社区的军人变胖的概率高于生活在军营的军人。

迄今仍没有迹象表明肥胖的趋势会戛然而止，我认为也不大可能靠给人们施加更大的减肥压力来扭转这种趋势。恰恰相反，研究表明，人们因减肥产生的羞耻感，实际上已经削弱了公共卫生相关部门做出的旨在减缓肥胖趋势的那些努力。实现长期减重是一项非常困难的挑战，而羞耻感似乎消耗了应对这一挑战所需的重要心理资源。

UNDER THE INFLUENCE
解码行为传染

但是，有些公共卫生干预措施在改变个体的饮食选择方面却取得了很好的效果。无论如何，由于行为传染是当前社会出现肥胖大流行现象的重要因素，所以任何旨在引导民众减肥的改革政策都将激发良性循环效应。很明显，这种效应会放大这些改变的影响。

在本书第 8 章，我将再次回到这一点，探讨对降低行为传染不良影响的最有效的措施。

第4章　朋友的习惯也会变成你的习惯

行为传染与饮酒

这个世界上的大多数饮酒者都属于适度饮酒者，比如按人均酒精消费量指标排名，一个每天晚餐时喝一杯葡萄酒的人，可以排在美国喝酒最多的 30% 的人群之列；每晚喝两杯葡萄酒的人则可以进入前 20% 之列。不过那些排名前 10% 的人平均每晚的葡萄酒饮用量却在两瓶以上。这一群体平均每周饮酒量超过 74 杯，每年的酒精消费量占全美的一半以上。

研究人员仍然在争论适度饮酒是否会给健康带来重大风险。有些研究显示，适度饮酒对健康甚至可能有轻微有益的影响。然而，毫无争议的是，那些饮酒量排名前 10% 的美国人，正在严重摧残自己的身体。例如，美国国家卫生研究院的一项研究就表明，在美国，每年因与酒精相关的伤害和疾病而死亡的人数高达 9 万，这使得酒精成为第三大可预防死因，仅次于吸烟和肥胖。

过度饮酒不仅会摧残自己，也会伤害到他人。例如，2014 年美国发生了 9 967 起因酒后驾驶引起的致命事故，但这些事故中酒驾司机也受伤的只占其中一小部分。全球范围内，有超过 10% 的儿童跟存在酗酒问题的父母生活在一起。2012 年在新西兰开展的一项调查就曾估计，饮酒造成的伤害发生在其他人而非饮酒者本人身上的可能性要高于 50%。

行为传染效应　UNDER THE INFLUENCE

在吸烟问题上,二手烟对他人造成的直接危害证明了控烟政策的必要性,在饮酒问题上也是如此:过度饮酒者对他人造成的危害是政府对所有人采取限制性饮酒措施的主要原因。但与吸烟一样,饮酒对他人造成的直接危害仅仅是问题的一部分,因为有强有力的证据表明,饮酒也具有社会传染性。

那些研究在饮酒方面存在行为传染效应的学者,与研究吸烟和肥胖症的学者一样面临着方法论的障碍。一个人的朋友中饮酒者越多,这个人饮酒的可能性就越大,但这本身并不意味着二者存在因果关系。也许是一系列具有因果关系的、共同的外部因素导致了这种相关性的出现。而且可以肯定的是:一个具有饮酒倾向的人,更有可能选择与饮酒的人做朋友。

行为传染实验室

经济学家迈克尔·克雷默(Michael Kremer)和丹·利维(Dan Levy)曾经利用自然实验帮助区分直接的同侪影响与其他因果因素。他们仔细调查了一所大型州立大学的学生行为,这所大学采用抽签方式来分配大一新生的室友。由于室友是在新生之间随机分配产生,因此这些学生后来的行为变化与他们室友之前的饮酒行为之间的联系,肯定不是自主选择的结果。两位研究者通过比较那些被随机地分配到不同宿舍、与不同室

第4章　朋友的习惯也会变成你的习惯

友相处的学生们身上可观察到的共性特点及其变化，来预测一个学生之前的饮酒史对生活在同一宿舍里的室友是否存在明显的影响。

两位研究者基于新生对入学调查问卷的反馈，评估了他们在进入大学之前的饮酒行为。在问卷中，学生被问到他们参与某些活动的程度，对这些问题他们可以从"经常""偶尔""从不"三个选项中进行勾选。在这些问题中有两个与饮酒相关，分别是"喝啤酒"和"喝葡萄酒或者烈性酒"的频率。

根据两位研究者的分类方法，那些在回答"喝啤酒"和"喝葡萄酒或者烈性酒"两个问题时，至少对其中一个问题勾选了"经常"选项的学生，属于高频饮酒者，这部分学生的占比为15%；那些至少对其中一个问题勾选了"偶尔"选项且对另外一个问题未勾选"经常"选项的学生，则被归类为偶尔饮酒者，这类学生的占比为53%；剩余对两个问题都勾选"从不"选项的32%的学生，被归类为非酒精消费者。

那么，调查样本中的学生进入校园之后，消费了多少数量的酒精呢？克雷默和利维没有掌握这方面的数据。不过他们预测了这些新生在入学之前的饮酒行为对其室友在大学期间的学习成绩的影响，这种影响是以大一和大二学期结束时的平均绩点（GPA）作为衡量标准的。

当这两位学者把男生和女生作为一个整体来分析时，拥有一个被归类为高频饮酒者或偶尔饮酒者的室友，意味着该学生年末 GPA 可能会下降 0.1 分（总分为 4 分）。但是这件事对男生的影响要远大于对女生的影响，相对那些室友是非饮酒者的男生而言，如果室友在上大学前就是高频饮酒者，男生的年末 GPA 下降了 0.28 分；如果室友在上大学前是偶尔饮酒者，男生的年末 GPA 则下降了 0.26 分。

对男生而言，在这项研究中观察到的最富有戏剧性的影响，莫过于那些在入学前本身就是高频饮酒者，被随机分配到室友在入学前也是高频饮酒者的宿舍里的 GPA 变化情况：相对于样本整体 GPA 的微小变动，这些男生的年末 GPA 几乎下降了 1 分。

由于克雷默和利维并不掌握学生们在大学期间的饮酒数据，因此不能直接推断出这些大学生平均绩点的下降是行为传染效应导致的。然而，他们仍努力排除了其他那些似是而非的因素的影响。例如，他们在广泛查阅文献后得出了一个结论：一个大学生之前的学习成绩和其他个人化特点对同宿舍室友的学习成绩几乎不存在影响。两位学者拥有的数据集也使他们得以对一系

第 4 章　朋友的习惯也会变成你的习惯

列学生行为特点（比如看电视的频率或社交参与度等）的潜在影响进行直接比对。但是，这些特点与室友年末平均绩点的变化不具有系统关联性。

克雷默和利维进一步注意到，高中时期的高频饮酒者和平均绩点大幅下降的现象，与室友入学前就已经是高频饮酒者的现象相伴而生，这符合行为传染这一假设。"那些具有饮酒倾向的人，对于同样是饮酒者的室友而言，是一种社会容许喝酒的暗示，而那些无论在任何情况下都不想喝酒的人受到的影响则会小很多。"

两位学者在最后指出，他们观察到的这种相关性在校园里长期存在，这也支持了二者之间存在一种直接的因果关系的假设。如果一个贪杯学生干扰性的行为是他的室友学习成绩下降的原因，而不是导致他的室友更频繁地饮酒的诱因，那么因为仅仅有 17% 的学生在大二时仍与大一时的室友住在一个宿舍里，所以到大二时这种干扰情况应该仅仅对其中一小部分人适用。然而，那些室友在高中时就是高频饮酒者的男生们的平均绩点，在大二时又下降了 0.43 分，而他们在大一时仅仅下降了 0.18 分。

与克雷默和利维的研究不同的是，许多其他关于同侪影响的研究，都使用了酒精消费的真实数据，并且这些研究通常都显示出一个人的酒精消费水平与同伴的酒精消费水平具有很强的相关性。但是，这里存在的挑战仍是证明这种相关性在多大程度上等同于因果关系。

行为传染实验室

为了应对这一挑战，经济学家阿里和德怀尔使用了与他们在青少年吸烟的研究中使用过的同一种策略。不过这次他们使用的是从美国青少年健康纵向研究获得的9万名青少年的数据，这些数据来自全美132所学校7～12年级的学生。在第一次访谈结束数年之后，其中超过2万名学生在他们的家里接受了第二次访谈，此时这些学生中的大多数已经高中毕业了，且第二次访谈涉及了这些学生父母特点的细节问题。基于这些学生提供的信息，研究者就能构建同伴饮酒的评判指标。

美国青少年健康纵向研究的访谈者询问了学生们以下关于饮酒的具体问题："在过去的12个月中有多少天喝过酒？"基于对这个问题的回答，阿里和德怀尔在一个总分为6分的评分模型上对学生们进行了分类：0=从来不喝酒、1=去年喝过一次酒、2=每个月喝一次酒、3=每个月喝酒两三次、4=每周喝酒一两次、5=每周喝酒3次以上。研究者用两种方法来评估一个学

第 4 章　朋友的习惯也会变成你的习惯

生的同学们的饮酒情况：第一，这些同学们按照前述方式定义的喝酒分数的平均值；第二，在过去 12 个月内曾经喝过酒的同学所占的百分比。

同时，两位研究者也在仅仅控制个人背景特征的基础上，展开了不同版本的研究。他们发现，个人饮酒与朋友饮酒之间的正相关性随着朋友饮酒的频数增加而增强。他们还发现，个人饮酒与同学饮酒之间存在正相关性，但这种相关性与同学饮酒强度并无关联。

但是，围绕目前的话题，他们在研究中做出的一个最有意思的尝试是：在努力分离同伴影响的背景特征和同伴选择效应的直接影响时，他们对控制变量进行了调整。正如阿里和德怀尔在报告中总结的那样，每当一个学生身边同学的饮酒率增加 10%，就会使该学生饮酒的可能性和频数都增加 4% 以上。

本章讨论的这些研究成果有力地表明了行为传染在三个重要的公共卫生领域（吸烟、肥胖症和饮酒）中的核心作用。这些研究成果强化了帮助人们矫正会引起这些问题的行为的理由，因为这些行为不仅会伤害到参与者本人，而且还会伤害到其他许多人。

但是这些成果还具有另一层含义：**在这些领域里卓有成**

效的、旨在改变个人行为的努力，也具有巨大的乘数效应。例如，那些拥有同侪支持的行为矫正计划，比那些没有提供同侪支持的计划更为成功。我将在本书的第三部分再次探讨这一点，并且会更加聚焦于行为传染的政策含义。

UNDER THE INFLUENCE

第 5 章
对商品意义的理解，决定了你的消费模式

在"维持现状"
和"将所有人的工作时长和薪资同时削减10%"
这两个选项当中,
为什么绝大多数人都会选择后者?

———————
UNDER THE INFLUENCE

第5章　对商品意义的理解，决定了你的消费模式

消费中的"位置性商品"

正如自由市场的拥护者经常说的那样，相较于那些花纳税人钱的政客，人们花自己的钱会更加谨慎小心。为了便于讨论，我们假设个人的消费决策大体上是理性的，但个人的理性并不意味着集体的理性，正如个别观众在剧场中站起来能获得更好的视野，但当全部观众都站起来时，他们的视野不会比全部都坐着时的更好。个人理性和集体理性在有关消费的决策中，也会表现出相似的矛盾之处。在某些领域，同侪效应导致了相互消耗的支出瀑布，同时也会使得另一些亟需资源的领域出现资金匮乏的情况。能够减缓这种扭曲现象的政策，将为社会带来巨大的效益。

能说明这种问题的最简单的例子，莫过于我们熟悉的军备竞赛了。两个对手国家之间，如果有一方扩充了自己的武器储备，另一方就会感到有必要以同等规模跟进，以保持军备力量的平衡。而由于无法确定对方的军费开支，后者往往会出于谨慎考虑而提高本国的军费支出，这样就会引发新一轮军备竞赛升级。

当然，每个国家都更愿意将同样的资金用于学校、医院、道路、房屋以及其他可提高本国生活水准的地方。但是，每个国家也很清楚，一旦在军备对抗中处于落后境地，自己将面临严峻的生存风险。因此，从单个国家的角度来看，对敌对国家的军备扩张做出适当反应是明智之举。

军备竞赛不可能毫无节制地一直持续下去，因为购买和制造武器的支出不可能超出一个国家的国民收入。但是，哪怕双方暂时达到了一个并不稳定的平衡点，军备竞赛仍会导致双方在军备开支构成中存在巨大的浪费。毕竟，相互的军备支出不会让任何一方变得更加安全。相反，双方日渐强大的军事力量，有可能在爆发时造成更严重的破坏性。而与军备支出不同的是，在公共基础设施领域的投资却不会有相互消耗的副作用，提高这方面的投资将使所有人受益。

减少在武器装备上的花费，增加其他领域的支出是符合互相对抗的国家的利益的，大多数观察者都把为达成可执行的军控协议的谈判努力视为这种利益存在的确凿证据。然而很少有人意识到，在我们的私人消费领域，与引发军备竞赛相似的力量也制造出了巨大浪费，以下两个简单的思维实验说明了这种浪费情况发生的过程。

行为传染实验室

你更倾向于下面的哪一项？

A：你和家人住在一个房子面积为 450 平方米的街区里，这个街区其他所有的房子都有 650 平方米那么大。

B：你和家人住在一个房子面积为 350 平方米的街区里，这个街区其他所有的房子都只有 250 平方米那么大。

标准的经济学模型会假设人们对一套房子的满意度取决于房子的绝对优势，因此毫无疑问地会认为 A 是更好的选择，但是绝大多数人的观点似乎与之相左。经过认真考虑后，选择 B 的人明显超过半数；选择 A 的那些人似乎是因为觉得自己不应该跟其他人攀比。但即使如此，他们当中几乎没有人会因为别人做出了不同的选择而感到困惑不解。

我并不认为 B 是该实验唯一正确的选择，我只是注意到大多数人会选择 B。约翰・贝茨・克拉克（John Bates Clark）、理查德・伊利（Richard Ely）和托斯丹・凡勃伦

行为传染效应　UNDER THE INFLUENCE

（Thorstein Veblen），以及其他出生在 19 世纪的经济学家并不会为人们对 B 选项的偏好而感到惊讶，但是这些作者的观点早已从现代经济学教科书中消失了。

接下来，让我们讨论第二个思维实验，这个实验的结构与上一个完全相同。

行为传染实验室

你更倾向于下面的哪一项？

A：今年你在工作时死亡的概率为 0.02‰，其他人为 0.01‰。

B：今年你在工作时死亡的概率为 0.04‰，其他人为 0.06‰。

与第一个思维实验一样，这个实验也是在绝对优势（A）和相对优势（B）之间做选择。多年来，我向几百个不同年龄、性别和国籍的人提出这个问题，没有一个人选择 B。以上实验表明：**在事关安全的领域，每个人都选择绝对优势；但当人们在房子的事情上面临类似的选择时，大多数人会倾向选择相对优势。**

为了描述那些价值来自稀缺性而非绝对优势的事物，英国经济学家弗雷德·赫希（Fred Hirsch）创造了一个术语"位置性商品"（positional good）。"我的教育对我的价值，"

他写道,"取决于和我竞争同一份工作但排在我前面的人的受教育程度。"接下来,我将用赫希创造的这个术语来指代价值主要取决于与同类商品相比较的结果的那些商品。对于那些在第一个思维实验中把相对优势置于绝对优势之前的人而言,房子就是一种"位置性商品"。

同样地,我将使用"非位置性商品"来描述那些价值相对较少取决于与同类商品相比较的结果的商品。对于那些在第二个思维实验中选择了绝对优势的人们而言,工作场所的安全性就属于一种"非位置性商品"。

把房子称为"位置性商品",并不意味着一所房子的相对优势才是重要的。比如,在第一个思维实验中选择了 B 的某个人,也许更希望他所在街区的房子面积都是 400 平方米,而其他街区的房子的面积均为 350 平方米。

同样地,在第二个思维实验中选择一个绝对安全程度较高的工作岗位,并不意味着相对安全的水平就不重要了。大多数选择 A 的人几乎肯定会注意到他们的工作比其他人要更加危险,但是如果他们唯一的替代选择是 B,且选择 B 后他们绝对死亡的风险概率将会翻倍的话,他们将会拒绝 B 的工作岗位。

UNDER THE INFLUENCE
解码行为传染

过于关注某个领域的相对消费,会扭曲人们的消费决策,这会导致我所说的"位置性竞赛"的消费模式,即针对位置商品不断升级的消费模式,由此产生的动态变化与推动军备竞赛的动态变化极其类似。在这两种情形中,浪费性支出的出现,都是因为与其他品类的支出相比较,这些品类的支出对动态的变化更加敏感。

之所以会出现军备竞赛,是因为在军事领域支出的对比性差距,远比非军备领域支出的相对差距更为重要。如果因为比敌对国家在烤箱和电视方面的投入少导致的后果,比在炸弹上较敌国投入少产生的后果更加严重,我们将看到截然相反的支出差距:为了在非军备领域获得相对优势,这些国家将继续减少在军备上的支出。当然,现实世界并非如此。

在家庭消费领域,存在一个类似的扭曲现象。就相对的消费支出而言,"位置性商品"比"非位置性商品"更加重要,人们在前者上的花费往往会大幅超过后者。为了理解这种动态作用是如何展开的,我们假设一个工人在两份安全风险水平不一样的工作之间进行选择的情形。因为安全设施很昂贵,而且工人都喜欢更安全而不是危险的工作,所以雇主就必须付出更高的成本来吸引工人选择危险工作。因此,选择更安全工作的工人的代价就是收入相对少,而选择更危险

第 5 章　对商品意义的理解，决定了你的消费模式

的工作的工人就能够买得起好房子，如果他有小孩的话，这个选择就具有双重吸引力，因为他知道在一些地方，好学校建在那些昂贵的社区。

我们接着假设他选择了收入更高但同时也更危险的工作，同样的逻辑也会导致那些与他情况类似的工人做出同样的选择。如果这些工人也为了买得起更好的房子而选择了更危险的工作，他们一致提高的购买力一定会推动房价上涨。结果，他们的孩子中有一半仍将不得不去普通的学校上学，这与没有任何人为了高收入而牺牲安全时的情况一模一样。虽然他们放弃了安全，但实际上没有人实现了最初的目标。

从亚当·斯密的时代开始，传统经济学理论就假设在竞争性的市场里，见多识广的工人都会理性地在收入和安全之间取得平衡：只有当他们用额外的收入买到的商品带来的满足感大于因降低安全导致的损失时，他们才会为了更高的收入而接受额外的风险。这种观点的支持者认为，那些强制在工作场所实施更高标准安全保障的监管措施，会通过强迫工人购买他们认为不值得的安全设施的方式损害工人的利益。

那么，为什么世界上几乎每个国家都要对工作场所的安全性进行监管呢？（即使最贫穷的国家都至少会有基本的安全要求。）传统经济学理论无法为这个问题提供一个好的答案——这些理论要么把这些措施描绘成不正常的监管，要么

认为这种需求是由于工人不了解情况或者市场竞争不充分而产生的。但是，很多与安全有关的监管措施都是在工人充分了解风险的前提下推出的。比如，大多数煤矿工人都知道他们的工作具有令他们染上尘肺病的风险，因为他们的父辈和祖父辈就有人因这种病去世。

市场竞争不充分也不是问题所在。毕竟，大多数安全监管措施对那些最接近充分竞争状态的市场发挥出了最大的威力。这些措施对硅谷的工程师或者华尔街的投资银行家几乎没有影响，因为他们的工作条件远比美国职业安全卫生管理局的监管要求更加安全。为了吸引合适的工人，雇主之间展开了激烈的竞争，如快餐店和雇用非技术劳工的制造企业。它们在没有安全检查员密切监督的情况下，几乎没有能够做到长时间不出安全事故。

UNDER THE INFLUENCE
解码行为传染

在军事领域，个体理性决策会导致整体上浪费的军备竞赛；同样地，在有关工作场所的安全方面，个体理性决策也会导致不好的结果。一些国家之所以维持庞大的军费开支，并不是因为他们愚蠢，而是因为落后于对手国家的代价太大。基于同样的逻辑，那些在工作上承担了更大风险的工人不是因为不了解情况，也不是因为市场竞争不充分，而是因为他们知道赚得比同行少就意味着不得不把自

第5章　对商品意义的理解，决定了你的消费模式

己的小孩送去相对较差的学校。即使拥有充分的信息和高度的自律，也没有任何一个工人能单独解决这个问题，就像没有哪个国家能单方面中止军备竞赛一样。克制需要集体的行动。简而言之，对于无处不在的安全监管政策，最简单的解释就是，这些政策的逻辑与军控协议的底层逻辑是一样的。

在对运动员竞技起掌控作用的规则中，同样的逻辑也在（体育竞赛的）小范围内发挥作用。经济学家托马斯·谢林曾经观察到，当允许冰球选手在不戴头盔的情况下打球的时候，比赛中几乎所有冰球选手就都不戴头盔了。如果戴头盔是一件好事，为什么运动员们不会自愿戴上它呢？为什么他们需要一个强制性的规定才会戴上它？

谢林的答案是，不戴头盔滑冰具有一定的竞争优势，运动员可以更好地听到和看到周围的人和物体。另外，如果一个运动员敢冒着不戴头盔可能引起的额外风险进行比赛，这种勇气可能有助于震慑对手。并且，不戴头盔而导致额外受伤的风险具有不确定性和滞后性，但其产生的竞争优势却确定会在竞技场上立即生效。当然，如果一方运动员不戴头盔滑冰，对手们也会因此被动地做出相同的反应。最终结果是没有任何一个队伍能够因此获得竞争优势，而所有运动员都将面临更大的受伤风险。因此，比赛时必须戴头盔的规则深得人心。

UNDER THE INFLUENCE
解码行为传染

谢林对于头盔规则的逻辑分析凸显了本书的中心思想：改变个人激励体系，以建立让每个人都能把自己最好的一面展示出来的社会环境，是符合合理公共政策的社会利益的。我们做的许多事情都能深刻地影响到他人，这种影响有时候是正面的，但更多的是负面的。有些时候，最好的应对之策是督促人们管好自己，但并非总是如此。我们在第 8 章将会看到，人们的激励体系常常能够以相对不受干扰的方式被改变。

谢林的分析也揭示了当代政治语言中对"自由"一词的误用。米尔顿·弗里德曼（Milton Friedman）认为，安全监管措施剥夺了工人自主决定如何在收入和安全之间权衡利弊的自由，所以他反对这种监管；其他一些学者也反对有关冰球比赛中戴头盔的规则，理由同样是这种规则剥夺了运动员们的选择自由。但是这些反对意见和那些认为军控协议剥夺了国家按自己意愿制造多少武器的权力的抱怨没有两样。

那些签署了军控协议的国家之所以这么做，是因为它们知道，如果每个国家都按照自己的意愿自由地决定军费开支，那么它们最终必然在武器装备上耗费巨资。同理，冰球运动员也清楚，如果他们自由地选择是否在打球时戴上头盔，那么他们最终将毫无意义地承担更大的危险。对于工作场所的安全监管政策也是如此，过度强调工作场所的个人决策权，意味着否定工人们支持让他们能够做出集体决策的法律的权利。因此，把这种安全监管政策视为"位置性的军控协议"是有一定启发意义的。

我在 20 世纪八九十年代发表了我的第一篇关于人们如何互相影响消费决策的学术论文。挪威裔美国经济学家托斯丹·凡勃伦（Thorstein Veblen）早在一个世纪前就已经对这个课题进行了详尽的论述，之后还有许多经济学家也研究过这个领域，包括詹姆斯·杜森贝里（James Duesenberry）、哈维·莱宾斯坦（Harvey Leibenstein）、理查德·伊斯特林（Richard Easterlin）、理查德·莱亚德（Richard Layard）以及前面提到过的弗雷德·赫希。自从我开始思考这个问题，许多其他优秀的学者也对这个课题进行过研究。

然而可以肯定地说，上述学者当中没有任何人对主流经济学家如何思考消费决策产生过重大的影响。直到今天，认为消费决策仅仅取决于收入和相对价格的观点仍然非常普遍，人们对自己的需求和欲望的评估被假定完全独立于周围的人的消费模式。但是，如果所有证据都证实，人类所有的评估都严重依赖于周围的环境，上述观点就不可能是正确的。

但是，为什么经济学家们都不约而同地忽略这些证据呢？一种可能的解释是他们当中有很多人相信同侪影响植根于羡慕和嫉妒等负面情绪，制定政策时如果把这些情绪考虑进来，将会是一种伦理错误。比如，经济学家唐纳德·布德罗（Donald Boudreaux）曾说：

> 我理解人们关心自己在社会中的相对地位，但是我不认为这种"关心"应该体现在政府的政策里。

基于相似的逻辑，被公认为"20世纪最杰出的经济学家"的凯恩斯描述了人类需求的两种类型，"一种是不管人类处于何种情况下都能感觉到的绝对需求，另一种是只有在获得满足之后才会让我们感到优越于别人的相对需求"。

很少有人会对希望比其他人更优越的人持有好感。相反，我们尽力回避有这种想法的人。我们相对成功地做到了这一点，这似乎意味着这样的人并不常见。如果将对"相对位置"问题的关注视为源自我们与朋友、邻居攀比的愿望，而我们很少有人意识到自己内心藏有这种愿望，那么那些经济学家想当然地忽略了有关"相对位置"的问题，也就不足为奇了。

然而，即使在一个完全不存在羡慕、嫉妒和攀比的世界，对"相对位置"的关注仍会深刻地影响人们的行为，这

第 5 章　对商品意义的理解，决定了你的消费模式

是因为实现生活中的基本目标的能力，在很大程度上取决于相对购买力。对于这一点，住房市场再次为我们提供了一个最鲜明的例子。

在马萨诸塞州参议员伊丽莎白·沃伦（Elizabeth Warren）进入政界之前，她和她的女儿阿米莉娅·沃伦·泰亚吉（Amelia Warren Tyagi）合著了一本书。在这本书中，她们提出了一个问题：为何在夫妇中只有一人工作赚钱的 20 世纪 50 年代，大多数家庭都能在预算范围之内过上舒适的生活，而在双职工成为普遍现象之后的 20 世纪 90 年代，许多家庭却常常面临入不敷出的窘境？她们的答案是，这第二份薪水主要用于在更好的学区竞购房屋。

即便在 20 世纪 50 年代，大多数父母最重要的目标之一也是尽可能地把自己的孩子送去最好的学校。发展到后来，劳动力市场的竞争越发激烈，这个目标也越来越重要。因此，沃伦和泰亚吉分析说，毫不奇怪，双职工的家庭会愿意把他们额外收入中的很大一部分花在让孩子接受更好的教育这件事上。而且，因为最好的学校往往位于昂贵的街区，这些父母的任务就非常清楚了：为了让孩子们去更好的学校学习，必须在力所能及的范围里购买昂贵的房子。

20 世纪 50 年代，严格的信贷限制制约了对学区房的竞价，贷款机构一般都要求购房者支付 20% 或更多的首付款，

139

而且不会发放高于其年收入3倍以上的贷款。

在后来的数十年期间，政府频频出面干预。为了帮助更多的家庭进入房产市场，监管部门推出了一系列用心良苦、放松借款限制的举措，首付款比例要求持续下降，在2008年金融危机爆发前的几年里，很多房子是零首付就可以购买的。可调节的按揭利率和膨胀的贷款进一步提高了家庭在房子上的竞价能力。

对那些严格按量入为出的原则去借款的家庭而言，这是一个痛苦且尴尬的结果。我们很难苛责一个中等收入家庭把孩子们送去至少是中等偏上的学校的想法，然而在别人都充分地利用宽松的贷款机会的时候，任何对此无动于衷的家庭都可能会陷入一个只能把孩子送去中等以下学校就读的境地。这种情况下，即使那些原本保守理财的家庭也可能会在极不情愿的情况下，得出他们最好的选择是去借更多的钱的结论。

那些谴责这种家庭的人看到的则是另一番景象。他们看到的是不守财务纪律的挥霍者被拥有大教堂式的吊顶和花岗岩的厨柜台面的欲望所压垮的情景，他们认为这些家庭需要接受教训。比如，已故参议员约翰·麦肯（John McCain）曾表示："政府没有义务去救助和奖励那些不负责任的人，无论他们是大银行还是小借款人。"

第 5 章　对商品意义的理解，决定了你的消费模式

然而，数百万的家庭陷入了财务困境，仅仅是因为他们明白生活是按曲线分级的。好的工作机会往往提供给了一流大学的毕业生，而准备最充分的学生才能进入一流大学学习，因此，要求父母们放弃送他们的孩子去更好的小学和中学接受教育的机会是不切实际的。金融监管的放松使他们得以在最好的学区贷款购买豪宅，这最终导致了地产泡沫，使得数百万家庭陷入负债累累的危险境地。

很多学者在提到消费中存在的行为传染效应时，都会把它们描述成"与阔邻斗富"。我给希望研究这个领域的年轻学者的第一条建议就是：永远别用这种表达，因为它令那些装腔作势且缺乏安全感的人对维持自己的形象走火入魔。不过，虽然世界上真的存在这种人，但是从根本上说，这并非本书讨论的消费行为的驱动力量。

比如，就业指导顾问经常强调在求职面试中保持良好形象的重要性，但是良好的形象也是一个相对概念，它仅仅意味着在竞争同样的工作机会时，比其他应聘者看上去形象更好。如果你是一个希望进入投资银行工作的即将毕业的MBA（工商管理硕士）学生，你会面临着激烈的竞争。单纯从简历来看，也许你和其他应聘者都大致符合空缺岗位的要求，但如果你穿着一套价值 300 美元的西装去参加面试，而其他应聘者都穿着价值 3 000 美元的定制西装来到面试现场，你就不大可能接到面试官的回电。由于我们在第 1 章

提到的那些原因，印象这种信号一般在意识层次之外运行，大多数面试官甚至无法记住一个应聘者所穿衣服的颜色，更遑论其价格，但他们却能在某种程度上记住哪个应聘者具有良好的形象。

除了相对支出与实现基本目标的能力之间存在的联系之外，对事情进行评估的语境会通过一些不那么具体的方式影响消费决策，但这些方式与"与阔邻斗富"的心态没有任何关系。比如，即使某个独自生活在一座岛上的人，也会喜欢驾驶一辆看上去很特别的车，一辆比预期速度更快且具有更好的驾驶体验的车。当然，这里的"特别"也是一个相对概念。作为一个汽车爱好者，我记忆中最令人激动的驾驶体验发生在几十年前。当时一个朋友让我驾驶他的 1955 款福特雷鸟。这辆车出色的操控性能和令人颈部发麻的加速度让我惊叹不已。但是，现在的跑车爱好者不会对这款雷鸟产生同样的反应。这款车从 0 加速到 96 公里/小时要花 11.5 秒，按照现在的标准，这简直就是龟速，适合家庭使用的本田雅阁旅行版汽车也只需花上 5.6 秒就可以从 0 加速到 96 公里/小时，而保时捷 918Spyder 只需要花 2.2 秒。

有时，一根雪茄仅仅是一根雪茄。[①] 在大多数情况下，羡慕和嫉妒这些基本情绪与消费决策之间不存在任何关系。

---

① 指对某些事物之间的联系不能过度联想。——译者注

享受一次看上去很特别的消费体验也并不意味着渴望比他人优越，它可能纯粹是出于对看上去很特别的事物的一种好奇。

但是，即使基本情绪在"位置性"相关问题中起着重要作用，也不能说明在公共政策设计中可以忽视它们。比如，贪婪这种基本情绪无疑会促使某些人犯下偷盗罪，但会有人把这个视为一个反对推出旨在阻止偷盗的政策的论据吗？

令人焦虑的"相对位置"

"位置性"心理会扭曲消费模式，这意味着收入的提高和收入不平等的扩大其实会加剧浪费的产生。美国最近的经验为我们提供了验证这一假设的机会。

在第二次世界大战后的 30 年里，美国的高收入家庭、中等收入家庭和低收入家庭的收入都以相等的速度增长：每年都是接近 3%。但此后几乎所有财富的增量都流向了盘踞在社会最顶层的那些人，他们的财富增速惊人：在 1973 年，赚钱最多的这一群体占国民收入总额的比例不到 9%，但到了 2015 年，他们的份额增长到了 22%。而且一个人身处的经济阶层越往上，获得的增量财富就越多。例如，最富有的 1‰ 的那部分人在同一时期的收入总额增加了 6 倍以上，这一群体在 2015 年的平均年收入为 675 万美元。不仅如此，美国最大企业首席执行官的收入增速更快。2016年，他们的收入是普通工人的347倍，而在1980年仅仅为42倍。

额外的收入会导致各个收入水平的家庭都增加开销，这对富人家庭也不例外。例如，2016年，私募大亨达伦·梅特罗普洛斯（Daren Metropoulos）以1亿美元购买了休·海夫纳（Hugh Hefner）位于洛杉矶荷尔贝山的花花公子公馆，这创下了当时洛杉矶最高房价的纪录。

但是，这个花花公子公馆的创纪录价格很可能只是短暂的。在我写这本书的时候[①]，美国最大而且最贵的房产是洛杉矶一套名为"救世主"（The One）的豪宅，这套豪宅的面积足足有9 300平方米，位于贝莱尔山顶，标价高达5亿美元。

这套豪宅设施完善，它拥有20个卧室，最大的主卧面积足足有510平方米，自带办公室、游泳池和厨房。除此之外，这套豪宅还有另外6个游泳池、1个夜总会、1个商业化规模的美发沙龙和5部电梯。

沙特王子穆罕默德·本·萨勒曼（Mohammed bin Salman）在2015年为购买位于法国路维希安的路易十四

———————
[①] 指2019年。——编者注

第 5 章　对商品意义的理解，决定了你的消费模式

城堡支付了 3 亿美元，这是当时购买私人住宅的最高价格，但"救世主"的标价比王子的出价还高出了 2 亿美元。不过，即使"救世主"完全按照标价出售，它也不可能长时间保持最贵豪宅的世界纪录。位于比弗利山庄的名为"高山"（The Mountain）的一块地也推向了市场，这块地的面积为 64 公顷，而且可以俯瞰壮观的城市及其之下的海洋全景。这块地上尚未有建筑物，但区划法规已经授权可在地块上建造总面积不超过 14 万平方米的房子。虽然光这块裸地的标价就高达 10 亿美元，但在全世界范围内，有数百位有实力一次性支付这个价格的潜在买家。

当然，"救世主"和"高山"未必一定能如愿按标价卖出。例如，花花公子公馆最初的标价为 2 亿美元，最后仅以一半的价格售出。但这并不重要。关键点是，不成比例的收入增长使得收入最高的人群在房子上面花费了空前的巨额资金。而且，不仅仅是花更多的钱购买房子，例如，除了斥资 3 亿美元购买路易十四城堡之外，沙特王子最近还花费 5 亿美元购买了一艘游艇，以及花费 4.5 亿美元购买了达·芬奇的画作。

很多人严厉指责富人们的这种过度消费，从一个为了维持生计而疲于奔命的中等收入家庭的角度来看，这种批评是毫不奇怪的。然而，这种批评忽视了一个重要的事实，即完全不同的生活背景会影响不同收入阶层的人们的选择。例

如，我大学刚毕业的时候，曾作为美国和平队志愿者在尼泊尔一个偏远的村庄里支教两年，住在一个没有电和自来水的两居室里。在此期间，我没有感到任何不满意。事实上，当时我住的房子比其他同事的好，但是同样的房子放在富裕的工业化国家里的话，那将会是一套相当差的房子。

我目前位于纽约州伊萨卡镇（Ithaca）上的房子，比我在尼泊尔支教期间的房子要大得多，也好得多，如果我尼泊尔的朋友看到它，恐怕会想为什么人们需要那么华丽的房子，他们肯定会好奇为什么需要那么多的卫生间？但是我那些属于中等收入阶层的美国同事肯定不会有这种反应，他们肯定会认为这就是很多教授居住的那种老房子。大家会对超级富豪的庄园感到震惊，是因为没有认识到这些富豪们生活的背景与我们的完全不一样。

不过无论如何，几乎没有任何证据表明处于中等收入阶层的美国人憎恨超级富豪。恰恰相反，他们对于包含大庄园的相片和视频片段总是表现出浓厚的兴趣。不过，富人在房子上的这种消费结构，改变了比他们低一级的"准富人阶层"选择房子时的参照系，这些人与超级富豪身处相似的社交圈子，为了按他们期望的方式招待客人，他们也需要住进大房子。因此，"支出瀑布"就随之出现了，这导致沿着收入阶梯上下分布的家庭都在争相购买更大的房子。美国建造的房子的面积中位数，由 1973 年的 140 平方米，增长到现在的 230 平方米；并且因为现在中位数的房子里的居住人数更少，所以目前平均每个人的居住面积几乎是 1973 年的 2 倍。

UNDER THE INFLUENCE
解码行为传染

之所以会出现购房面积的增长，部分原因是前文提到的宽松的贷款条件，但是信贷市场无法解释我们在其他领域见到的"支出瀑布"现象：人们都在购买更重、更贵的车和更大的船，并且人们也都在筹办更精致的婚礼、周年庆和生日庆祝活动。标准的经济模型假设最高收入群体更高的花费不会影响中等收入家庭的开销，但是，如果环境会以我们前面讨论的方式塑造人们的评估体系的话，那么，这些中等收入家庭不受最高收入阶层消费的影响是不可能的。顶级收入阶层的高消费会改变下一级收入阶层的人群对于"足够"的参照系的定义，这个效应会顺着收入阶梯依次产生作用。

为什么当代美国人的平均婚礼支出是 3.5 万美元，相当于 1980 年的 3 倍以上？就像好学校一样，特别的庆祝仪式也是一种相对概念，必须超越人们的预期。不过当所有人都在婚礼庆祝上花费更多钱的时候，其效果实际上是抬高了"特别庆祝"的标准。所以，虽然婚礼平均支出增加了 3 倍，但可以称得上是"特别"婚庆的数量仍然没变。

那么，当代夫妻有没有因为在婚礼上花了更多的钱而变得更开心呢？事实可能恰恰相反。一项涉及大量样本的调查结果显示，那些婚礼支出超过 20 000 美元的夫妻每年的离婚概率是婚礼支出介于 5 000 ～ 10 000 美元的夫妻的 3 倍以上。

不过，事后去品评父母操办一个让所有客人都感到体面的婚礼的愿望是很难的。一个特别富有创造力的人也许能以平均水平的花费就能组织一场体面的婚礼，但因为有一半人位于创造力分布曲线的下半段，所以这显然并不适合每个人。

日益加剧的收入不平等现象助长了"支出瀑布"的形成。对这个假设的验证指标之一，是调查收入不平等在地理分布上的变化与财务困境加大的信号是否同时出现。

事实上，人口普查数据就能反映出这种强关联。财务困境最直接的统计指标之一是人们申请破产的比率。1990—2000 年期间，在美国排名前 100 的大县，收入不平等的现象都在加剧，不同县之间的差别也很大，并且那些收入不平等现象最为恶化的县，也正是那些破产申请比率增幅最大的县。

另一个间接衡量财务困境的指标是离婚率。婚姻治疗师

第 5 章　对商品意义的理解，决定了你的消费模式

报告称，没有重大财务困扰的夫妻很少来找他们咨询，而且那些收入不平等现象最为恶化的县，也正是那些离婚率增幅最大的县。

财务不宽裕的家庭实现收支平衡的方法之一，是搬迁到住房便宜的偏远地区去生活。当然，其代价是更长的通勤时间。我们再次看到了收入不平等的足迹：在美国，那些每天开车通勤耗时 1 小时以上的职员数量增长最多的县，其收入不平等现象增幅也是最大的。

收入不平等现象的加剧并非我们见到的支出瀑布的唯一诱因，但是有一件事情是明确的：**支出瀑布不是因为中等收入者变得更加富有而出现的**。事实上，剔除通胀因素的影响，当今美国男性每小时工资中位数比 1980 年的还要低。

那么，支出瀑布引起的财务困境究竟有多严重呢？图 5-1 中所示的辛苦指数，是我构建的一个简单指数，用于跟踪支出瀑布在中等收入家庭的住房问题上造成的一个关键性的负面后果。由于住房价格和公众心目中的学校质量之间存在很强的关联，中等收入者必须在他们所在地区购买中位数价格的房子，才能实现送孩子们去平均水平的学校的朴素愿望。辛苦指数显示了中等收入者为赚取足够的钱以实现这一目标而每月必须工作的小时数。

149

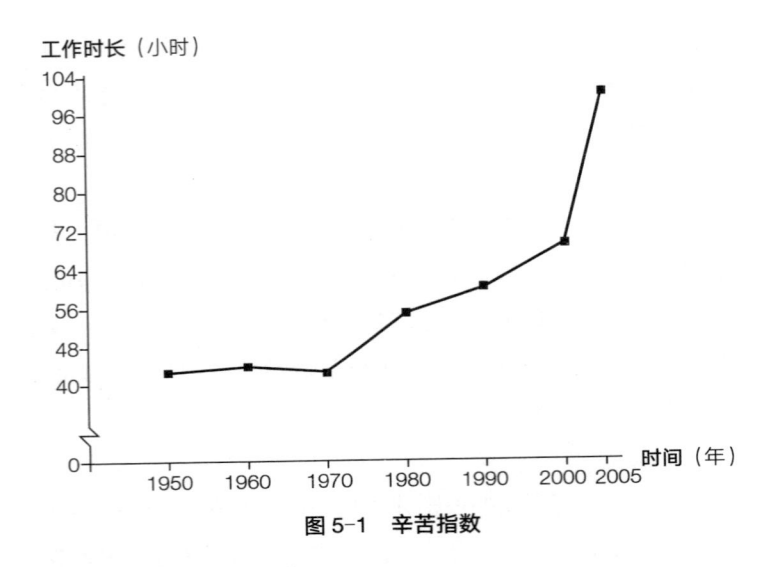

行为传染效应　UNDER THE INFLUENCE

图 5-1　辛苦指数

第二次世界大战后的几十年间，所有阶层的收入增长率都大致相同，"辛苦指数"几乎保持稳定。中等收入的人只要工作略超过一周的时间，就能赚到一套中位数价格房子所需的月租。但到了 20 世纪 70 年代后，收入不平等现象开始急剧增加，而与此同时，工资中位数却开始停滞不前，自那以后，收入不平等与"辛苦指数"就在同时增长。到了 21 世纪初，中等收入的人为了实现负担租住中位数租金房子的目标，每月必须工作 100 个小时左右，这一数字远高于 1970 年的 42 个小时。难怪沃伦和泰亚吉会在研究中发现，大多数家庭为了维持生计，第二份工作已经变得必不可少。

第5章　对商品意义的理解，决定了你的消费模式

行为科学家有充分的理由相信，即使把这个国家每座豪宅的面积扩大一倍，也无法让人们的幸福指数得到大幅提升。其部分原因在于，相对而非绝对的豪宅大小对人们的幸福感更为重要。

但是，一个人即使遗世独居，一栋更大的豪宅也不可能持续提升他的幸福指数。人类的神经系统具有强大的适应能力，它涵盖了从宏观的生物机能到微观的细胞分子的变化。例如，在无需任何有意识的努力的情况下，大脑视觉皮质层的神经变化，就会与我们瞳孔放大时的自主变化以及视网膜上的光化学变化同步运行，这使得我们可以在亮度变化超过100万倍的环境中正常地看清楚事物。我们对于不同的物质生活条件的适应能力也毫不逊色，即使在《鲁滨孙漂流记》中描写的环境里，建造一栋大房子也很快可以变成一个新常态。

我在前文中说过，位置性军备竞赛具有很大的危害性，但上述结论似乎有力地反驳了我前面提到的这个观点。如果人类的"适应性"有助于解释为何在"位置性商品"上额外的花费并没有让人们更加开心这个问题，那么它是否也意味着减少"非位置性商品"的开销也不会降低消费者长期的快乐呢？为什么人们总是不能适应"非位置性商品"匮乏的情况呢？

UNDER THE INFLUENCE
解码行为传染

当然,人类的"适应性"往往并非"位置性商品"支出令人失望的唯一原因,与军备竞赛类似,这种支出其实也起到了隐性的竞争优势的作用。"位置性商品"支出的效果并不尽如人意的原因,并不仅仅是因为人类的"适应性",还因为它们不会影响竞争平衡。就像前文中提到的那样,当所有应聘者都为面试购买更贵的正装时,就不会有应聘者比其他人看上去更有吸引力;当所有人都去购买大房子的时候,任何人的房子相对面积都不会发生变化。

但是,竞争优势对"非位置性商品"的作用要小得多。例如,如果减少对安全的资源投入,短期内人们对变得更危险的环境就会异常敏感。但随着时间的推移,"适应性"可能会使得人们把新环境视为常态。

然而,即使"适应性"让人们将对更高的风险水平的关注完全排除在意识之外,也不意味着增加的风险无足轻重。例如,我们假设某个人是前文中第二个思维实验简化版的参与者,他必须在两个世界中做出选择,这两个世界除了其中一个世界因伤死亡的风险是另一个的 2 倍之外,其他情况完全相同。在面临这样的选择时,没有人会认真地争辩说,风险水平的高低并不重要。

第 5 章　对商品意义的理解，决定了你的消费模式

事实上，我们的适应能力在不同的领域存在很大差异。对于一些诸如环境噪声之类的外部刺激，我们的意识能快速地适应，但我们的身体却可能需要数十年的时间才能做出可量化的反应。而对于其他一些外部刺激（包括过敏原），我们不仅无法随着时间的推移而适应，而且实际上会变得更加敏感。

如果我们对于不同支出的适应能力也是不同的，并且如果这些支出的重要性对于竞争结果也各不相同，那么我们就能很容易搞明白重组我们的支出模式将会如何持续地提升我们的幸福感。总结与这种可能性有关的证据的一个便捷的方式，是假设我们能在具体消费结构不同的两个世界之间做出一个一劳永逸的选择。在每种情形中，我们都假设在社会 A 的人们都居住在面积为 650 平方米的房子里，而社会 B 的人们都居住在面积为 450 平方米的房子里，并且在每种情形中，他们在改善生活条件的商品（服务）上的花费（见表 5-1）也有所不同。

表 5-1　消费结构不同的社会 A、B

社会 A	社会 B
所有居民都居住在 650 平方米的房子里	所有居民都居住在 450 平方米的房子里
每天在拥堵的路上开车上班，单程为 1 小时	每天坐地铁上班，单程为 15 分钟
每天无法挤出锻炼的时间	每天都有 1 小时锻炼的时间

续表

	社会 A	社会 B
	所有居民都居住 在 650 平方米的房子里	所有居民都居住 在 450 平方米的房子里
	每月有 1 个晚上有时间与朋友聚会	每月有 4 个晚上有时间与朋友聚会
	每年有 1 周的假期时间	每年有 4 周的假期时间
	工作中的积极自主性都很低	工作中的积极自主性都很高

这个例子里的每种情形都显示，社会 B 的居民会利用建造较小房屋所节省的资源，来改善他们其他方面的生活条件。即使这两个社会的所有其他条件都一模一样，现有的证据也提供不出任何理由让我们相信社会 B 的居民幸福感会低于社会 A 的居民。一个移居到拥有更大房子的社会的人，一开始可能会对额外增加的居住面积感到开心，但是一段时间之后，他就会对大房子习以为常了。同时，也没有证据表明，社会 A 的居民比社会 B 的居民更健康或更长寿。总之，我们没有理由相信上述假设的住房面积大小的差异会显著地影响人们的幸福指数。

然而，建造 650 平方米的房屋所消耗的实际资源远远多于 450 平方米的房屋。因此，一个建造小房子的社会就能够利用节约出来的资源去改善其他生活条件。我已经总结了大量证据，来表明这种具体的支出转移可以带来大幅、可靠且持久的个人幸福感的提升。

第 5 章 对商品意义的理解，决定了你的消费模式

刚才讨论的例子，仅仅是大量已被证明的、可以促进人类繁荣的支出转移的一小部分。例如，已经有很多研究表明，同等金额的钱花在"体验"上，会比花在实物商品上带来更大且更持久的幸福感提升。在这个领域做过大量开创性研究的心理学家汤姆·吉洛维奇（Tom Gilovich）和利夫·范·博文（Leaf Van Boven）就曾分析，之所以会出现这种差异，其部分原因是，相对于实物商品，"体验"更不容易被适应。例如，人们很快就习惯了具有更高清晰度的4K 电视，但是对与朋友们一起度过的某个假期却会令人在数年后都念念不忘。

即使相对比较对于实物商品而言至关重要，但吉洛维奇及其合作者指出，对于体验来说，相对比较的重要性较小。他们引用了经济学家萨拉·索尔尼克（Sara Solnick）和戴维·海明威（David Hemenway）的调查数据作为依据，这个调查与我们在前文中讨论的思维实验中的模型相一致。虽然在绝对收入和相对收入之间进行选择时，人们有时候会犹豫不决，但这种不确定似乎不适用于那些体验性商品。例如在度假方面，大多数人表示，他们更愿意选择自己能享受4 周假期而同伴能享受 8 周假期的社会，而不是自己有 2 周假期而同伴只有 1 周假期的社会。

经济学家奥里·赫费茨（Ori Heffetz）用消费者支出数据证明，容易被观察到的商品比其他商品更可能成为"位

155

置性商品",这也许符合我们的预期,毕竟我们不容易受到周围环境中看不见的因素的影响。这个结论的重要含义之一是,由于一般不易为外人所知,个人储蓄可能是最重要的"非位置性"的预算类事物之一。有证据表明,大多数消费者的储蓄额都远低于理性的生命周期支出计划所需,这与前述结论是相吻合的。

简而言之,行为科学家发现,我们身处的社会在很多方面都未能从可支配的资源中获得最大利益,如果我们能基于这些研究者的发现制定务实的政策,并重组消费支出模式,就能让每个人都能真正过上更健康和更满意的生活。

支出瀑布下的财务危机

对于"相对位置"的焦虑导致越来越多的国民收入流向高档消费,这也使得美国的联邦、州和县政府难以维护日益老化的基础设施。从根本上来说,公共品与私人品是不一样的。例如,当有人在房子或者婚礼上花费更多时,其他人会有被迫追随的压力。但是在公共品上却不会存在这种动态关系,因为公共品可以以基本相等的条件提供给所有的居民。由于公共品不适合于个人之间的比较,所以从定义上来说,它们几乎就是"非位置性"的。

无论如何,在"位置性商品"上花费越多,能够投入公

第 5 章　对商品意义的理解，决定了你的消费模式

共品的资源就越少，这是一个显而易见的道理。并且毫无疑问的是，在最近的数十年期间，美国各级政府的公共投资都未能跟上步伐。

2015 年，美国有超过 20% 的公路属于不达标状态，换句话说，这些公路早已年久失修。同时，路面坑洼和不平整所导致的车辆损坏情况也在日益增加。修复这些损坏车辆给车主带来的费用在 2015 年超过了 1 200 亿美元，平均每个车主支出 533 美元。预算赤字使得美国至少 27 个州不得不把车流量小的农村公路由沥青路降格为沙砾路。

2016 年，美国 614 387 座桥梁中，有超过 9% 被工程师评为存在"结构缺陷"，而且这些桥梁积压下来的修复支出预计超过 1 200 亿美元。2015 年，美国有 15 000 座水坝被工程师评为"高度危险"级，即存在一旦发生故障就会导致人员死亡的风险，这一数字比 2005 年的预估增加了 50%。在这些"高度危险"的水坝中，被评级为"不良品"的数量也在增加。2016 年，"不良品"大坝的数量超过了 2 100 座。工程师们也报告称，美国的机场、学校、饮用水和下水道系统都存在长期积压的维修任务。

面对这些积压的维修需求，推进重大新基建项目的提案（如高速铁路或智能电网）在议会中仍然无法获得通过。更

令人担忧的是,面对气候危机,我们尚未提出必要的投资计划,而气候变化是迄今为止地球面临的最大挑战(下一章将会加以详述)。

虽然很多因素导致了美国在公共领域投资的失败,但有一个因素特别突出,那就是市民对政府服务的需求超出了政府税收收入所能支持的范围。这种现象的产生又是由多重因素导致的,其中包括与人口老龄化相关的医疗保健和养老金成本的急剧上升。除此之外,美国长期以来都在下调的最高边际税率(见表5-2)也是导致失败的因素之一。

表 5-2　美国个人所得税最高边际税率

年份	最高税率
1966	70%
1982	50%
1987	38%
1995	40%
2018	37%

资料来源:美国税收政策中心《史上最高边际所得税率》,2017年3月22日。

许多减税措施之所以会被采纳,是因为政府希望能够通过这些措施刺激经济增长,而因经济增长获得的额外税收能够避免整体税收收入的降低。然而,事实证明,这种希望

第 5 章　对商品意义的理解，决定了你的消费模式

只是一厢情愿。根据美国国会预算办公室的估计，2001—2011 年，小布什的减税措施使得美国联邦税收减少了 2.9 万亿美元。在一篇被广泛引用的《纽约时报》的文章里，曾任里根和老布什两届政府高级经济顾问的布鲁斯·巴特利特（Bruce Bartlett）认为，小布什的减税措施所导致的财政收入缺口实际上会比这个数字大得多。

2017 年 12 月在美国国会通过的《减税和就业法案》的支持者也曾预测，该法案将促进经济增长，使税收增加的幅度超过税率降低的幅度。然而，这个预测也未能变成现实。正如大多数经济学家所警告的那样，该法案通过之后，税收急剧下降。白宫管理和预算办公室主任曾经是特朗普减税政策最强有力的支持者之一，但即便如此，这个部门也将未来 10 年的美国国债预测上调了 1 万亿美元以上。

许多经济学家都对显示性偏好理论大加推崇。该理论认为：比起倾听人们的说辞，我们可以通过观察人们的实际购买行为来获得更多关于人们真实偏好的信息。虽然这个理论在大多数情况下都是有价值的，但是当个体动机与集体动机发生冲突时，比如在前文讨论的位置性军备竞赛中，这个理论就失灵了。在这种情况下，我们常常是通过倾听选民的心声，而不是通过观察他们购买的商品来更多地了解人们的价值观。监管决策都是在数据分析的基础上制定出来的。

一个只依靠显示性偏好理论的经济学家会得出这样的结论：如果一个工人以更高的薪水接受了一份风险更高的工作，那么他应该是认为额外的收入超出了对其暴露于更高风险中的补偿。如果工人仅仅关心绝对收入，这个推断是合理的。但是一旦我们承认相对收入的重要性，这个结论则不再成立。事实上，每个国家都会努力降低工作场所的风险，这就是一个证明支出瀑布理论的间接证据。

现在我们再来思考一个典型的非位置性预算品类——个人储蓄。一个理性的终身消费计划要求一个人在工作期间的消费支出远低于其收入，然后用剩余的储蓄去确保退休之后大致相同的生活水准。但是除了富人之外，几乎很少有人能自行按照这个计划来执行。普遍存在的养老金缺口也使得大多数国家的政府不得不出面干预。例如，为了支持给退休人员支付社会保障金，美国政府征收 12.4% 的工资税。

米尔顿·弗里德曼和自由市场的其他拥护者对此持反对态度，他们认为这种干预剥夺了工人们自行决定储蓄多少以及用何种方式储蓄的自由。认同这种观点的小布什总统就曾试图实行社会保障系统私有化。但是，如果个人和集体的储蓄决策存在明显冲突，就很容易理解为何私有化社会保障系统的企图最终不得人心了。

那些完全依靠个人储蓄生活的人们总是有选择的权力，

第 5 章　对商品意义的理解，决定了你的消费模式

可以动用储蓄来购买位于更好学区的房子。毫无疑问，其中有些人会这么做，这样就给其他人带来了紧跟其后的压力，因为不这么做就意味着他们只能把孩子们送往质量较差的学校。目前的社会保障系统有效地阻止了人们把退休收入中相当大的一部分用在对于学校资源毫无意义的竞价上。在这件事上，显示性偏好理论也难以解释清楚为何要支持政府出面对退休收入进行监管，但这种干预是支出瀑布叙事可以预见的。

类似的结论也适用于社会试图规范工作时长这件事情，例如美国的《公平劳动标准法案》就规定了加班费和其他鼓励雇主限制工人工作周时长的措施。自由市场的拥护者之所以反对，是因为他们认为这限制了工人和雇主通过谈判达成对双方都有吸引力的劳动合同的自由。虽然事实上也的确如此，但是如果相对收入水平真的如事实所示那样重要，那么就很容易理解为什么工人都会接受这样的限制了。每周工作50而不是40个小时，会显著地减少一个工人的相对闲暇时间，但同时也会增加该名工人的相对收入。因为调查证据表明，相对闲暇时间没有相对收入那么重要。所以从任何个人的角度来说，这都会被视为净收入增加。但是其他工人踊跃跟进加班，会使得个人的收入优势最终成为暂时性的现象。

对于这种解释，还有来自关于专业工人偏好的调查证据的支持，这些工人不受《公平劳动标准法案》的加班规定约

束。经济学家雷妮·兰德斯（Renée Landers）、詹姆斯·里比泽（James Rebitzer）和罗威尔·泰勒（Lowell Taylor）曾对大型律师事务所的律师们调研过如下问题：维持现状，或者把所有律师的工作时长和薪资同时都削减10%，你更倾向于哪种？结果，绝大多数受访者选择了后者，但是，除非他们的同事都这么做，否则他们也不愿意做出这个选择。

行为传染实验室

对于"相对位置"的担忧似乎也比传统经济因素更大程度地影响劳动力的参与。比如，经济学家大卫·诺伊马克（David Neumark）和安德鲁·波斯特尔韦特（Andrew Postlewaite）就调查过3 000对同胞姐妹的就业情况，其中每一对同胞姐妹中都有一位没有外出工作。两位经济学家的调查目的是找出姐妹中的一位去寻找一份带薪工作的决定性因素。结果显示，没有任何通常的经济因素具有重要影响，当地的失业率、职位空缺率和工资水平，以及姐妹间求职的这一位的教育和工作经验也不重要。但有一个变量比所有其他变量都更好地解释了就业参与率的变化：当姐妹中的一位丈夫收入高于另一位的丈夫时，丈夫收入较低的那位姐妹出去找带薪工作的概率就比其他人高出16%～25%。正如作家H. L. 门肯（H. L. Mencken）观察到的那样："富人就是每年比他妻子的姐夫多赚100美元的人。"

第 5 章　对商品意义的理解，决定了你的消费模式

总的来说，虽然在许多领域，"支出瀑布"叙事比"显示性偏好"叙事都更具优势，但经济学家和政策分析师仍然固执地认为人们对于自己所作选择的评估与他们身处的环境是完全互相独立的。这种假设性观点很早就应该被抛弃了。

位置性军备竞赛究竟造成了多大的损失呢？在本章的开头，我就指出，军备竞赛造成的损失比前面章节讨论的行为传染进程造成的所有损失之和都大得多。鉴于可获得的数据有限以及行为模式尚处于早期发展状态，我们无法精确估计支出瀑布造成的损失。但是，如果我们愿意做出一些合理的假设，我们就至少能大致了解这种损失的规模。

让我们从这样一个观察开始吧。在对通胀因素进行调整之后，2018 年美国国内总商品和服务的价值比 2012 年高出 2 万亿美元。但是，研究人类幸福感的行为科学家们无法自信满满地说美国人在 2018 年比 2012 年更幸福。现在，假设有个人手持一根魔法棒，它能以有利于"非位置性商品"的模式来重组 2012 年的支出模式：例如，它能削减美国最大房子的面积，富人们都购买不那么昂贵的车辆，家庭都减少婚礼支出；然后将节约下来的资金都用于把每周的工作时间缩短几个小时，并为每个人提供两周的额外假期，以及基础设施上。

现有的证据证明，这种支出重组无疑将明显提升 2012

年美国人的幸福感。我们甚至可以说，这种支出重组将使得2012年的美国人比2018年的美国人更加快乐，即使2012年美国国内总商品和服务的价值比2018年减少了2万亿美元。显然，除非我们否认这些证据的有效性，否则这意味着我们当前的消费模式每年至少造成了2万亿美元的浪费。这比所有其他领域由行为传染造成的危害都要大得多。

当然，世界上没有这样的魔法棒。正如我向我的学生们强调的那样，仅仅证明了市场失灵的存在，并不能确保政府干预就能让情况得到改善。而且不幸的是，许多干预实际上会让事情变得更加糟糕。

因此，现实的问题是，我们当前不完善的经济和社会政策工具是否能够让我们以可接受的代价来重组支出模式，我将在第三部分的章节里继续讨论这个问题。

UNDER THE INFLUENCE

第 6 章
对生活方式的选择，影响着能源消耗总量

为什么当一部好莱坞大片的
男主角在影片中选择了一辆 SUV 之后,
SUV 的市场占有率会获得爆炸式增长?

———————
UNDER THE INFLUENCE

第 6 章 对生活方式的选择,影响着能源消耗总量

长期以来,一些政客一直否认我们的地球正在变暖。还有一些人虽然承认存在变暖趋势,但否认这与人类活动有关。鉴于气候剧变的可能性足以对政策的制定产生广泛的影响,美国国会批准成立一个专门的政府机构研究这个问题。1990年美国国会通过的《全球变化研究法案》规定,研究机构每4年至少要向美国国会和总统提交一份报告,内容包括"因人类和自然引起的全球气候变化趋势,并且预测未来 25～100 年期间的主要趋势"。

上述报告的第 4 版是 2018 年秋季提交的。报告的第一句话就明确指出:"地球气候正在以比现代文明史上任何时间都更快的速度在变化,而这个变化的主要原因就是人类活动。"

行为传染效应　UNDER THE INFLUENCE

行为传染与温室气体排放

气候变化主要是由排放到大气层的二氧化碳和其他温室气体引起的。这些气体是大量生产和消费活动的非预期副产品，它们会减缓从太阳照射中获得的热量反射回太空的速度，从而逐渐地导致大气和海洋的温度上升。研究气候变化的经济学家把这个问题视为一种标准的环境外部效应，这也是一个在科学界几乎获得了一致支持的观点。

但是，气候问题还存在一个重要的社会层面的因素。行为传染影响了许多与温室气体排放有关的选择，比如我们居住什么样的房子、驾驶什么样的车，以及享用什么样的食物。

而且，这也涉及一系列与气候相关的其他决策。比如，谷歌通过创建 Project Sunroof 网站来推广太阳能电池板，使业主能够了解到已经采用太阳能电池板的邻居数量。该网站曾涌入数量众多的访问者，这充分说明了人们对于他们的邻居们正在为节约能源所做的事情充满了兴趣。如果你打开一张航拍图，你可以注意到太阳能电池板安装的惊人的密集度。几乎每个安装有太阳能电池板的房屋都邻接着至少一座也安装有太阳能电池板的房屋。

在迄今已经讨论过的行为传染效应中，支出瀑布相关损

第 6 章　对生活方式的选择，影响着能源消耗总量

失的货币价值比所有其他行为传染导致的损失的合计金额还要大（详见第 5 章），但是气候变化威胁预示的损失级别远比前者大得多。

这个威胁的精确等级仍然难以确定。2009 年，由麻省理工学院的研究人员构建的全球气候仿真模型曾估算出，如果不推出政策来限制温室气体，21 世纪末地球表面温度的中位数将比工业化之前的时代上升 5.1 摄氏度。而 6 年之前，同一个模型估算出的 21 世纪末地球表面温度的中位数仅上升 2.4 摄氏度。

2009 年，该模型也预测了气温可能上升的范围及其相应的概率。那一年，气候学家们估计，截至 21 世纪最后 10 年，人类面临的气温上升 7 摄氏度以上的概率为 10%。这种量级的变暖将以令人难以想象的方式改变人类的命运。较小幅度的气温上升所具有的灾难性也会更小些，但即便对气温上升最乐观的预测也意味着巨大的损失。

这些预测发布之后的数年内，地球气温一直以更快的速度在上升，并且极地冰川的融化速度也比预期更快。根据联合国政府间气候变化专门委员会于 2018 年 10 月发布的最新综合评估报告，到 2040 年，地球气温的中位数将比工业化之前的时代上升 1.5 摄氏度，这比之前的预测结果提前了几十年。而且，目前地球的平均气温已经上升了大约 1 摄氏度。

虽然把某些特别极端的天气事件与全球性的气候变化关联起来有些勉强，但气候学家现在认为，最近风暴和干旱的严重程度的加剧与气候变暖趋势直接相关。如果到 2040 年全球气温上升 1.5 摄氏度，那就意味着人口密集的沿海地区将被淹没，并且洪水和干旱将变得更加严重和频繁。

一个最大的认知障碍是，气候变暖并不是均匀发生的。除了酷暑更频繁地出现之外，我们同时也在经历非同寻常的极寒天气。

例如，3 月通常是华盛顿特区春季的开始，这座城市著名的樱花在有些年份的 2 月下旬就开始绽放了。但 2015 年是个例外，在那一年的 2 月下旬，这座美国首都城市经历了一次寒潮，其间还下过几次大雪。长期以来就是气候变化怀疑论者的参议员詹姆斯·英霍夫（James Inhofe）抓住机会把一个雪球带进了议会大厅，并认为它证明了全球变暖是一个谎言。

英霍夫也是《最大的阴谋》(*The Greatest Hoax*) 一书的作者，在这本书里，他把气候科学家描绘成一群为加强政府对人们生活的控制而策划出大阴谋的作恶者。

正如本书第 3 章提到的那样，人们有时候会长期相信错误的事情。但是我们也看到，一旦反对某种观点的证据具有足够的说服力，对它的支持就会迅速地扩散，而英霍夫参议员声称全球变暖是个谎言，似乎正是想以初春的雪球为证据，以获取更多的支持。某些公众人物曾经可以在公共论坛上自信地散播全球变暖阴谋论的观点，但时至今日，这种行为很可能会招致民众的嘲笑。

鉴于相关证据的叠加效果，现在人们对于气候变暖这件事已经很少有疑虑了，虽然平均气温每年都不一样，而且常常出现大幅波动。

图6-1就描绘了20世纪海洋和大气平均温度偏差的戏剧性上升趋势。从图中可以看出，1985年2月是最后一个平均气温低于该月份20世纪平均气温的月份。我的两个儿子现在都已经30多岁了，自他们出生以后，美国的月平均气温就再也没有低于他们出生前同一月份的平均气温。

来自多个权威来源的数据都显示，2016年是自19世纪80年代有系统的天气记录数据以来最热的一年；4个最热的年份分别是2015年、2016年、2017年和2018年；在21世纪的前19年中，有18年是最热的年份。气候模型预测这些年可能也是过去几世纪甚至数千年以来最热的时期。

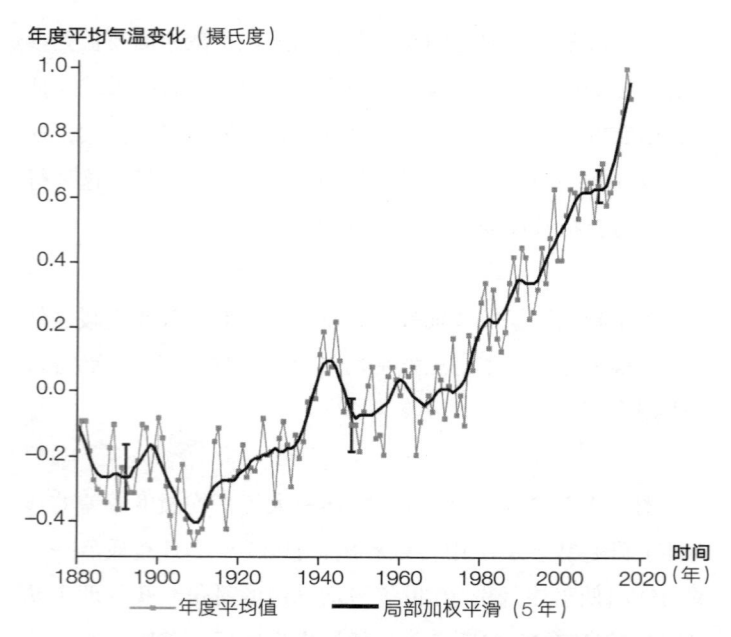

行为传染效应　UNDER THE INFLUENCE

图 6-1　1880—2017 年全球地表平均气温变化

注：以 1951—1980 年的平均值为基数。

资料来源：GISTEMP Team, 2018: *GISS Surface Temperature Analysis*, NASA Goddard Institute for Space Studies.

如果我们接受全球气候变化这个事实，并且认同全球变暖将带来灾难性后果的观点，那么我们应该为此做些什么呢？经济学家对这个问题的判断是：个人和企业将温室气体排放到大气中，是因为他们这样做可以不受惩罚，并且替代的生产和消费选择要么更昂贵，要么不够吸引人。这个分析框架说明，通过征税来提高温室气体排放的成本是个再自然

第 6 章　对生活方式的选择，影响着能源消耗总量

不过的解决方案，正如我们将在第 8 章看到的那样，20 世纪 90 年代为解决酸雨问题，美国国会授权建立了一个可交易二氧化硫排放许可证的市场作为解决方案，这个功能上与征税相同的方案在实施后大获成功。

行为传染与能源消耗

不过，价格补偿通常在获得社会力量的支持时才更有可能取得效果。事实上，能源消耗模式不但深受价格的影响，而且也受到行为传染的强烈影响，并且二者之间通常会相辅相成、互相强化。

这方面最显著的一个例子大概非房屋面积莫属。正如本书第 5 章所讨论的，最近几十年，大部分增量收入都被顶级富人们赚走了，这使得他们在所有品类（包括房屋）的消费中都出手阔绰。他们购买的更大的房子改变了仅次于他们这个阶层的富人的参照系，这进一步塑造了下一层级富人们的需求，依此类推，一直到收入的底层。正是由于这种支出瀑布效应，美国新建房屋的人均中位数面积几乎是 1973 年的 2 倍。

大房子不但需要消耗更多的能源来供暖、照明和制冷，还需要更多的建造原料，而生产这些原材料本身也会消耗更多的能源。更大的房子也需要更多的维修和养护，这进一步

增加对能源的需求。

基于澳大利亚墨尔本的一组多样化房屋样本在为期 50 年的使用周期内的数据,建筑师安德烈·斯蒂芬(André Stephen)和罗伯特·克劳福德(Robert Crawford)预测了房屋面积和能源消耗之间的关系。如图 6-2 所示,他们发现,一栋 250 平方米的房子要比一栋 150 平方米的房子多消耗 50% 以上的能源。

50 年使用周期内的主要能源消耗(焦耳)

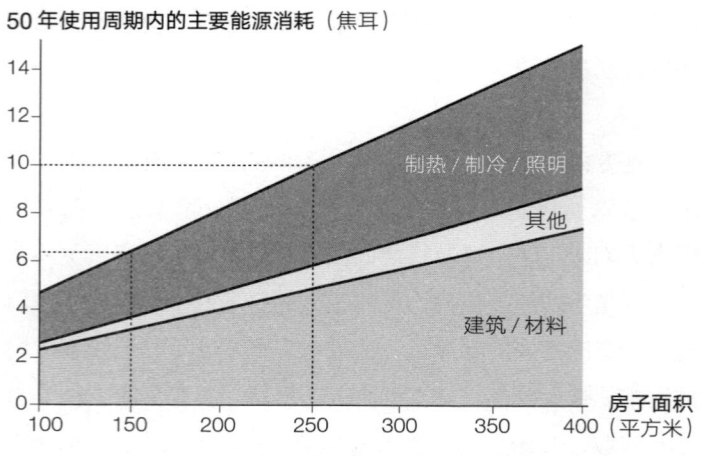

图 6-2　50 年使用周期的房屋面积与能源消耗的关系

资料来源:André Stephan and Robert H. Crawford, "The Relationship between House Size and Life-Cycle Energy Demand: Implications for Energy Efficiency Regulations for Buildings", *Energy* 116 (2016): 1158-1171.

正如我们在第 5 章讨论的那样,因为大多数地区的优质学校都位于更贵的地段，所以中等收入家庭往往面临一个困难的选择：他们必须要么大致跟上朋友们在房子上的消费水平，要么就送他们的孩子们去质量较低的学校就读。而现实中，大多数人会选择前者。由于过去几十年平均收入增长有限，所以很多这种家庭都陷入越来越难以维持生计的困境。因此，许多人选择住在房价便宜但是通勤比较远的地区。在美国，私家车平均每天通勤的距离从1977年的15.4公里增加到了2017年的20.4公里。所以，行为传染在这方面也导致了更多的能源消耗。

行为传染对能源消耗影响最明显的例子之一是运动型多用途汽车（SUV）。如果不考虑竞争性行为的因素，就很难理解SUV的市场占有率为何能获得爆炸式的增长。

雪佛兰萨博班自1935年就量产了，但最初这类车型几乎都仅限于商业用途。在1963年吉普生产的瓦格尼尔和1966年福特生产的烈马面世以前，家庭SUV细分市场基本上还不存在。即使到了1975年，它在全部车辆销售中的占比也只有2%。

然而，到了20世纪90年代，SUV却几乎成了汽车销售史上最成功的车型之一。其年销量从1990年的仅仅75万辆激增至2000年的约300万辆。2003年，这一细分市场的销量占美国当年机动车总销量的23%。截至2014年，

行为传染效应　UNDER THE INFLUENCE

SUV 和跨界车已经成为美国销量最高的乘用车品类，其市场占有率高达 36.5%。与此同时，SUV 的销量继续攀升，但美国的机动车总销量却在持续下降。

传统的消费者需求决定因素无法解释清楚这一令人惊讶的增长曲线。便宜的燃料虽然是因素之一，但显然还不足以解释全部，因为燃料在之前的数十年期间也很便宜。同样地，平均收入水平的提高也不是决定性因素，因为 SUV 面世之前的几十年里曾出现过更快的收入增长。

我们很难理解为何收入较高的人群喜欢把轿车换成 SUV，许多参与设计这款车型的工程师们也对 SUV 如此之高的销量感到惊讶不已。早期的广告喜欢吹嘘 SUV 的越野能力，冠以"开拓者""探路者"之类的品牌名称。但正如一位工程师曾嘲讽的那样，实际上 SUV 仅在驾驶者醉酒而无法找到车道时才会"越野"行驶。

安全问题也无法解释 SUV 热销的原因。正如基思·布拉德舍（Keith Bradsher）在其 2002 年出版的《趾高气扬》（*High and Mighty*）一书中写道：SUV 的重量使它们在与小型车正面碰撞时具备一些优势，但是它们较差的操控性能、更易翻车以及更长的刹车距离使其总体上比小型车更加危险。

第 6 章　对生活方式的选择，影响着能源消耗总量

此外，更大的装载空间也不足以解释 SUV 受欢迎的原因。因为面包车和旅行车都能在不牺牲驾驶系统性能和里程油耗的前提下提供相似的装载空间。

为了理解 SUV 销量爆炸式增长的原因，我们必须首先研究新的收入增长模式引起的需求变化，以及人们对此做出的反应。一个重要的推动因素是，20 世纪 70 年代后期收入增长集中在高收入者之间。这促使当时还属于一家英国公司的路虎决定将高端车型揽胜 SUV 带到美国（那时候揽胜的基础价格高达 31 375 美元）。虽然揽胜之前就在高档 SUV 市场占有一席之地，而且高收入者轻而易举就能负担得起，但它的销量却一直不温不火。

然而，当这款车在罗伯特·奥特曼（Robert Altman）1992 年导演的电影《大玩家》(*The Player*) 中出现的时候，上述情况就发生了转变。这部电影的主角是由蒂姆·罗宾斯（Tim Robbins）饰演的一家电影公司的制片人格里芬·米尔（Griffin Mill），他的财力足以购买心仪的任何一辆车，最后他选了一辆仪表盘上安装了一台传真机的揽胜 SUV。

UNDER THE INFLUENCE
解码行为传染

行为传染效应的重要特征之一是人们更愿意模仿那些收入比自己高的人。看到一个富有的制片人驾驶着一辆揽

胜SUV，人们会立刻把它视为明星首选的座驾。随着越来越多的高收入人士购买这款车，SUV的吸引力随之增加。当其他汽车公司以更低的价格推出这款车型的时候，SUV的销量开始起飞，随着越来越多的人选择购买SUV而不是小型车，汽油消耗和温室气体排放也进一步增加。

然而，减缓SUV销量的增长远远不足以遏制气候变化。根据联合国政府间气候变化专门委员会最新的报告，相对于2010年的水平，温室气体的排放量在未来12年内必须削减45%，到2050年必须削减100%，才有可能避免气候变化最严重的后果。因为在许多国家交通部门温室气体排放量的占比都是最高的，所以，除非把家庭乘用车和公交车都由内燃机驱动改成电动，否则实际上不可能达到这个目标。为了实现这一点，行为传染必须在其中发挥决定性作用。

温室气体的另一个重要来源是食品工业。例如，在美国，食品的生产、运输、加工和处理占全国能源消耗量的10%。从阿特金斯健康饮食法、无麸质饮食、生酮饮食、长寿饮食法、枫糖浆柠檬排毒法、地中海饮食法、原始人饮食法、普瑞提金食疗、南部海滩膳食法以及其他风靡一时的饮食潮流中都可以明显看出，食品消费受到行为传染的影响。正如本书第4章所描述的，行为传染也与肥胖症的流行密切相关。

第 6 章　对生活方式的选择，影响着能源消耗总量

图 6-3 是肥胖症研究学者斯蒂芬·居耶内特（Stephan Guyenet）依据热量摄入量（按千卡路里/每人）的增长情况，以及美国成年人肥胖（BMI＞30）和非常肥胖（BMI＞40）占比的时间变化趋势所做的曲线图。自 1970 年以来，肥胖症发生率增长了 1 倍以上，在这段时期内每人摄入的热量大约增加了 400 卡路里，这使得美国的能源消耗总量增加了 2%。

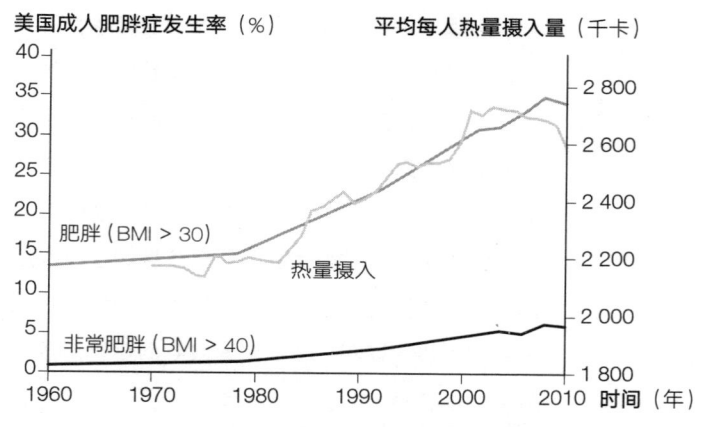

图 6-3　1961—2009 年美国成人肥胖症发生率和能量摄入的关联

其他很多能源消耗也受到了行为传染的影响。几十年前，美国很多计划结婚的人们甚至都没听说过旅行结婚这个概念，现在，1/4 的美国婚礼都在旅行目的地举办，而且经常是在远离家乡且具有异域风情的地方举办。有很多客人也时常去参加单身汉的旅行派对，所以航空旅客大大增加，这

行为传染效应　UNDER THE INFLUENCE

成为温室气体增加的又一个来源。

行为传染与能源节约

那么,人们对邻居有关能源使用的决策会做出怎样的反应呢?通过检视这种反应的一些实验,我们获得了更多体现行为传染在能源领域的重要影响的证据。

行为传染实验室　心理学家罗伯特·西奥迪尼(Robert Cialdini)[①]就领导了这样一个实验:实验中,宣传员在持续一个月的时间内,每周都会向居住在圣地亚哥郊区的家庭发出四种节约能源的信息:第一组家庭每周会收到督促他们为了保护环境而节约能源的信息;第二组家庭每周会收到为了未来后代而节约能源的信息;第三组家庭被提醒节约能源能够省钱;第四组家庭则会收到西奥迪尼认为最有效的信息:"你的大多数邻居们每天都在为节约能源而努力。"(这个说法是真实的,因为一个早先的调查已经显示,大多数邻居事实上每天都为节约能源而采取了某些行动)。

一个月后,调查员分别收集了这四组家庭在

[①] 知名社会心理学家,被称为"影响力教父"。其经典著作《影响力》的中文简体字版已由湛庐引进、北京联合出版有限公司于 2021 年 11 月出版。——编者注

第 6 章　对生活方式的选择，影响着能源消耗总量

电力消耗方面的数据。果然，那组被告知邻居们正在努力节约能源的家庭在耗电量上降幅最大。

西奥迪尼在与《纽约时报》记者谈到这个实验时所说的话，呼应了本书的主题："我们认为自己是独立的个体：'哦，我是独立的，周围的人影响不了我。我是一个独立的人。'但事实上，那些信息正在不知不觉中影响着我们。"

行为传染实验室

受到西奥迪尼的研究成果的启发，经济学家亨特·奥尔科特（Hunt Allcott）设计了一封写给 100 位电力公司用户的信，这些用户来自大约 100 个具有相似特征的家庭。这封信传递了两个信息：第一个是提供给用户的节电建议清单；第二个是基于该家庭用电情况与其他家庭的对比情况，对该家庭进行评级。实验者根据每个家庭的用电量，将这 100 个家庭按照用电量从低到高排序，然后将这个排序分为 5 个组。那些用电量低于最高效住宅 1/5 平均值（指上述排序中用电量最低的一组的平均值）的家庭获得"优秀"评级。那些用电量低于组内平均值的家庭获得"良好"评级，而那些用电量高于组内平均值的家庭获得"低于平均"评级。

最终，被评为"低于平均"的家庭，相对他们在实验之前的基础数据，用电量降低了

6.3%。被评为"优秀"的家庭,在实验结束后用电量会进一步降低,但或许是因为这些家庭已经充分利用了最有效的省电策略,其耗电量仅仅下降了 0.3%。

正如之前说明的那样,行为传染的影响在采用太阳能电池板的决策过程中表现得尤为明显。营销教授拜兰·博林杰(Bryan Bollinger)和经济学家肯尼思·吉林厄姆(Kenneth Gillingham)采用了类似本书第 4 章讨论过的统计方法,来评估行为传染效应是否影响了加利福尼亚州大范围家庭采用太阳能电池板的决策。在剔除了一系列潜在的混杂因素之后,他们推测出,在这个过程中存在的行为传染效应,比之前的研究者对于吸烟和饮酒发现的行为传染效应具有更大的影响力:同一个邮政编码区域里安装太阳能电池板的家庭基数每增长 1%,就会带来太阳能电池板家庭采用率略大于 1% 的增长。

行为传染实验室

在另一项类似的研究中,吉林厄姆和经济学家马塞洛·格拉齐亚诺(Marcello Graziano)使用了康涅狄格州安装太阳能电池板的详细数据。在这里,家庭采用太阳能的模式表现出相当大的群体效应,而这种效应反映的并不仅仅是收入这样的因果关系。在他们的样本里,一个家庭安装太阳能电池板的概率受到附近已安装家庭数

第 6 章　对生活方式的选择，影响着能源消耗总量

量的强烈影响，这与"传染会通过社会交互作用和能见度传导"的假设相吻合。研究者发现，这种影响随着距离和时间的增加而递减。

与几乎所有其他行业一样，交通行业对新技术的采用也表现出很明显的行为传染效应。因此，轻型代步车①近年来的爆炸式增长是一个让人充满希望的信号，这意味着行为传染还可能帮助交通行业大幅减少温室气体排放量。

在全球各个城市，共享单车正在飞速扩张，共享电动滑板车的市场甚至更大，私人电单车和共享电单车的市场也一同快速增长。虽然电动汽车在美国汽车市场的占比依然很小（2018 年仅为 2.1%），但增长速度也很快（比 2017 年增长了 81%）。因为这个领域的采用决策具有高度传染性，所以可以预测，未来一段时间内还会持续强劲增长。在一些国家，插电式电动车已经实现了很高的市场占有率。例如，2018 年挪威的电动车在新增乘用车销量中的占比已经达到了 1/3，如果把混合动力汽车也包括进来，这一占比将增加到近 1/2。

作为行为传染会引导人们减少能源消耗的最后一个例

---

① 指那些重量不超过 500 公斤的无污染城市交通工具，包括自行车、电瓶车、电动滑板车以及小型电动车。

183

子，我们来讨论一下时下越来越流行的"可步行距离生活圈"。富兰克林·施耐德（Franklin Schneider）描述了作为盛行"可步行距离生活圈"的中心城市之一的华盛顿特区的生活方式所发生的变化：

> 现在，"可步行距离生活圈"已经被普遍认为是潜在住房最重要的品质，以至于我们已经难以相信曾经还有其他比这更重要的因素。我的意思是，这个因素看上去是如此明显：你有什么理由拒绝住在步行10分钟就能到达酒吧、饭店和办公室的地方呢？为什么你会愿意住在一个每天必须开车出入的地方呢？然而，现在喜欢步行距离生活圈的这些人中有不少人不久前还花了200万美元购买让人称美的、没有人行道且需要90分钟通勤时间的郊区大豪宅。

步行得分（Walk Score）是2007年成立的一家美国私人企业。这家企业可以给美国的任何一个地址分配一个"步行友好度分数"。其100分计分体系基于一套专有算法，能计算从住宅到不同生活设施（比如学校、商店、餐馆、酒吧和咖啡店）的步行距离。一套住宅距离这些生活设施的距离越短，其"步行友好度分数"就越高。一些房地产交易网站已经开始把"步行友好度分数"列入房源的基本信息。

对"可步行距离生活圈"的强烈需求最明显的证据，是得分较高的住宅价格溢价显著且持续增长。一份 2011 年的研究报告显示，一套住宅的"步行友好度分数"每增加 1 分，其房价就会上升 0.1%。但是，仅仅 5 年之后，另一份报告估测，"步行友好度分数"每增加 1 分，该套住宅就会发生 0.9% 的溢价，平均而言，这意味着 3 250 美元的价差。

那些得分靠前的房子每增加 1 分，与之相关的房屋溢价呈现出急剧的上涨趋势，这是"可步行距离生活圈"备受关注的进一步证据。例如，"步行友好度分数"由 39 分增加到 40 分，与之相关的房价平均增值为 1 704 美元；而从 79 分增加到 80 分，这一数字会激增至 7 031 美元。

从郊区搬迁到一个可步行到达附近生活设施的社区，其优点不仅限于通过由开车改成步行外出办理日常事务来减少能源消耗。例如，位于人口稠密社区的房子一般面积更小，所以这些房子的制热和制冷的能耗都会比较低；并且这些房子距离公共交通更近，这意味着通勤上班的私家车更少；还有个附带的好处是，居住在"可步行距离生活圈"的人成为胖子的可能性会低很多。

气象灾害与公共政策

有证据表明，公众对气候变化的担忧正与日俱增。耶鲁大学和乔治梅森大学最近展开的一系列国家民意调查结果显示，69%的美国人对气候变化感到"有些焦虑"，29%的美国人对此感到"特别焦虑"。这两个类别的占比都达到了自2008年展开这项调查以来的最高值。《纽约时报》专栏作家戴维·莱昂哈特（David Leonhardt）认为，近期剧烈波动的天气情况可能也算是一桩"好事"，因为它开始引起了人们的关注。

2018年底的森林大火给美国西部造成了前所未有的损失。几个月后，创纪录的洪水又横扫了美国中西部地区。然而，这仅仅是最近一连串与天气有关的灾害中的部分例子而已。例如，图6-4显示了在美国发生的至少造成10亿美元通胀损失的天气相关事件的频率。在过去几十年中，这类事件发生的频率要低很多，甚至有几年根本没有出现过这类事件，但现在早已不复当年了。

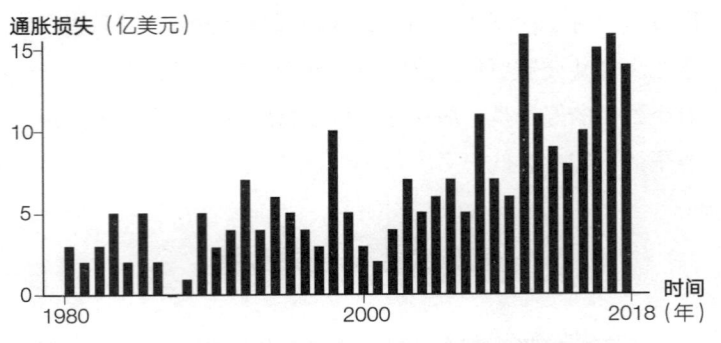

图6-4　1980—2018年气象灾害与它造成的通胀损失

注：数据已按通胀进行了调节。

第6章　对生活方式的选择，影响着能源消耗总量

我们对于"千年一遇的降雨"的定义是：那种预计在1000年的时间里才仅仅会发生一次的极端降雨。马里兰州的埃利科特市在2016年就曾经历过一次这种级别的降雨，并且在仅仅两年之后又发生了一次。

空前强烈和持久的飓风正频频出现，洪水和干旱也变得司空见惯了。有很多人曾沉浸在气候变化的严重后果可能在未来百年之后才显现出来的侥幸之中，但这些活生生的例子正把他们的这一美梦冲击得粉碎。相比以前，现在越来越多的选民对于否认气候变化趋势的候选人的观点持怀疑态度，随着这些候选人的观点受到更严格的审视，他们逻辑上的漏洞就会无处遁形。

有些人可能会说，因为气候科学家的预测具有高度的不确定性，为减少温室气体而花费的大笔资金也许就会打水漂。虽然气候科学家也很快承认了他们的预测具有不确定性，但是不确定性也是一把双刃剑。气温也许不会像预测的那般上升那么多，但也可能上升更多。在其他领域，人们仅仅会建议用谨慎的方法来应对不确定性。没有人会因为我们不确定敌人是否会发动攻击而建议遣散军队，因为敌人任何一次成功的攻击对我们来说都将是灾难性的，所以我们会在军备上花大笔资金。同样的逻辑也适用于我们为缓解气候变化影响而投入资金。

实际上，反对气候变化应对措施的人提出的这些不确定性，其中很多已经变得非常确定了。与气候变化相关的风暴和干旱现象日益严重，已经造成了巨大的损失，唯一不确定的是未来的情况究竟会恶化到什么程度。

自从 2009 年麻省理工学院的气候模拟模型估算出 21 世纪末期气温将比工业化之前的时代上升 7 摄氏度的概率高达 10% 之后，对于未来气候的预测就变得越来越悲观了。例如，一份新研究估计，地球上的冰川正以比 2013 年气候学家的估计还要快 18% 的速度在融化。现在每年都有 3 690 亿吨的冰雪从大陆上消失。更令人不安的是，《自然·地球科学》(*Nature Geoscience*) 杂志上发表的一份 2019 年的研究表明，温室气体浓度的增加最终可能导致地球上的大气层完全消失。作者预测，如果这种情况真的发生了，其效应将使全球气温进一步上升 8 摄氏度，超出其他已知温室气体效应造成的增暖。因为即使是远低于那个量级的气温增加也足以终结我们所知的地球生命，所以称全球气候变化是我们面临的最严重威胁并不为过。

如果我们能早一点采取行动的话，应对这个威胁应该就会容易些。然而问题是我们并没有这么做。督促人们养成更环保的消费习惯肯定是有用的，但是光靠这个远不足以稳定地球的气候。为了确保成功，我们必须调动我们能使用的所有资源，包括在公共政策方面做出坚定的改革。

第 6 章 对生活方式的选择，影响着能源消耗总量

其中，加大对技术的公共投资将是重中之重。麻省理工学院最近的一份研究报告就提到，在过去的 40 年间，太阳能光伏组件的成本之所以能降低 99%，主要是因为持续的研发投入。虽然直接碳捕捉技术的前景仍然存在不确定性，但哈佛大学的物理学家戴维·基思（David Keith）和他的合作者已经公布了一项原型技术的细节，这项技术很快就能以每吨不到 100 美元的成本把碳从大气中消除。随着持续的创新，这个成本肯定还会下降，尽管可能不会出现像我们在太阳能领域看到的那种大幅的成本下降。

即使没有更进一步的成本下降，戴维·华莱士-韦尔斯估计，基思的技术仍会让人类得以以每年 3 万亿美元的成本，来中和当前全球每年排放的 320 亿吨的二氧化碳。这当然是一笔巨额开支，但正如华莱士-韦尔斯指出的那样："全球每年为化石能源支付的补贴就高达 5 万亿美元。"

说服选民接受一个把对化石燃料的补贴款转移到用于支持碳捕捉技术的计划，似乎是一个虽然有挑战但仍可以完成的任务。但是，美国近年来的经验却表明，面对着立场坚定而且财力雄厚的反对者，要通过任何重要的气候立法几乎是不可能的。正如气候新闻记者戴维·罗伯茨（David Roberts）所说，美国政治一贯是"一个混杂着两党制、中间主义和'常识'（华盛顿特区的传统智慧）"的含糊陈述，但这个陈述里根本不包含变革的意思。如果美国联邦政治的

基本权力关系保持不变，那么就没有人会相信适度的、渐进式的气候立法能够获得通过。"

罗伯茨相信，唯一的选项是发起一个强有力的、有民众广泛参与的社会运动，以此呼吁更大的变革。这些变革不仅应包括气候政策，而且还应包含那些旨在减少收入不平等的政策。"面对严重倾向于维持现状的美国政治，实施影响广泛的改革需要民众情绪的一波高涨，以及来自民众的强烈诉求。在这之后，还需要一个能够唤醒民众想象力的政策议题，并且这个议题能吸引那些冷漠和不常参与政治投票的选民。那些为了避免干扰他人而设计的政策肯定无法达到这个目的。"

"绿色新政"的批评者认为类似这种雄心勃勃的议案取得成功的机会很小，然而支持者却反驳说渐进主义几乎肯定会维持现状。

对于行为传染效应更深刻的理解，可以从经济和政治角度强化关于"绿色新政"的论述。正如我们在本书第 5 章看到的那样，行为传染影响着我们的消费模式，每年仅在美国就导致数万亿美元的浪费。一个更高的累进制所得税制度，或者更好的是，一个累进幅度更大的消费税制度，将可以快速增加巨额税收以投资于绿色科技，同时减少经济不平等现象（本书第 8 章会进一步讨论这点）。并且正如我们将看到

第 6 章　对生活方式的选择，影响着能源消耗总量

的那样，这些政策以及实施收入中性的碳税政策都不需要任何人做出痛苦的牺牲。只有最富裕的人的纳税额会增加，而且因为这些税收不会影响到他们相对的出价能力，所以富人们购买他们需要的商品的能力实际上没有受到任何影响。因此，一个严肃的解决经济不平等问题的方案，不应该被视为抢占了为战胜气候变化所需投入的经济和政治资源，而应被视为这些资源的来源。从这个角度来说，分别解决其中的每个问题的最好政策，最后是可以相互促进的。

UNDER THE INFLUENCE

第三部分
让行为传染效应发挥积极的作用

UNDER THE INFLUENCE

第 7 章
运用政策工具来塑造环境

如果工人自愿为了高薪选择高风险的工作，
为什么政府还要对他们的工作环境做出限制？

———————
UNDER THE INFLUENCE

第7章 运用政策工具来塑造环境

我在本书引言中就论证过,政府对吸烟进行监管的理由往往是保护不吸烟的人免受二手烟的伤害,但事实上行为传染才是更有说服力的控烟理由。因为吸烟具有高度社会化的传染性,所以吸烟者造成的最大危害是让其他那些因此更有可能变成吸烟者的人遭受的伤害。

我在与其他人谈到上述观点的时候,最常见的反对意见是:虽然我论证的每个前提从经验上来说都是对的,但二手烟造成的伤害与那些因为受到同侪影响而染上吸烟习惯的人受到的伤害之间存在根本的区别。批评者认为,因为二手烟的受害者几乎是无助的,所以前者构成了政府干预的正当理由。与之相对照的是,人们对于自己是否变成吸烟者是有自主选择权的。正如所有证据都显示的那样,如果身边有朋友吸烟的话，人们吸烟的概率会更高，但是否吸烟最终仍得由人们自己决定。批评者都担心，如果监管部门为消除同侪影响的负面后果来保护我们的理由是正当的，那么就会导致人们越来越不愿为自己的行为负责。

监管符合社会利益

这些批评的声音显然具有一定的说服力，但这是个基本归因错误：我们没有认识到环境比性格特质更能塑造人们的行为。批评者确实也提出了关于自主责任的灵魂拷问，本章的目标就是认真地思考这些问题。但是正如我将努力解释的那样，总体上来说，在做出监管决策的时候，把行为传染的因素考虑进来依然是非常有道理的。

当引导人们对自由意志的概念产生怀疑时，行为会如何变化？从研究这个问题的实验里获得的证据在一定程度上证实了批评者的担忧。自由意志的概念很重要，因为现代社会的许多法律和制度都建立在一个或显或隐的假设之上，即人们必须对自己的选择和行为负责。

例如，在大多数国家，那些被裁定犯下重罪的人都会在一个较长的时期内被剥夺自由。而人们如果缺乏自由意志，其他人是难以为之辩护的。在某些情况下，我们会豁免那些实施了伤害他人的行为的人，这进一步证明了自由意志的重要性。在极端情况下,当有明确证据表明行为人患有严重精神疾病时,法律会不予追究其法律责任,即使是杀人犯。

然而,科学家和哲学家继续就人们是否具有有意义的自由意志而进行辩论。研究者的共识正缓慢而稳定地转向反对自由意志,支持"行为主要由个人基本上无法控制的基因和环境的力量所决定"这一观点。这尚未成为一个定论,但如果反对自由意志的观点最终在这场辩论中胜出,将对社会造成怎样的后果?许多人对此感到忧心忡忡。

这并非杞人忧天,因为至少有一些证据表明,对自由意志的信仰会激发一系列对社会有益的行为。正如心理学家贾丝明·凯丽(Jasmine Carey)和德尔罗伊·保卢斯(Delroy Paulhus)发现的那样,那些对自由意志的信仰更为强烈的人,往往对自己和他人都持有更严格的道德标准。

心理学家凯思琳·沃斯(Kathleen Vohs)和乔纳森·斯库勒(Jonathan Schooler)通过实验证明,指使被试质疑自由意志将使得他们更可能偷窃钱财和在数学测验中作弊。心理学家罗伊·鲍迈斯特(Roy Baumeister)及其合作者的研究也证明,类似的引导会导致其他各种不良行为的发生,它会使得人们失去创造力,更加不愿意从错误中吸取教训,并且彼此之间缺乏感恩之心。无论人们的行动是否实际上已经提前决定好了,至少部分积极效果看上去似乎是来自

"非提前决定论"（然而，在最近的研究未能验证这一点）。

UNDER THE INFLUENCE
解码行为传染

无论如何，环境因素显然会影响我们的选择。个人的性格特质当然也很重要，但是这种特质本身也在很大程度上是由个人无法控制的基因和环境因素塑造而来的。这些观察结果似乎意味着，个人对其行为负责的程度存在一定的限制。

简而言之，那些反对基于行为传染而实施监管的人最担心的是，这将削弱人们对自主行为的责任感。他们认为，除了会威胁到个人的自由意志之外，这会让人们更难对自己伤害别人的行为承担责任。如果人们的行为是他所处环境事先就决定的，那我们怎能责怪他们抢劫银行？

虽然这种担忧很普遍，但它的逻辑是站不住脚的。否定自由意志的存在，或者承认我们的行为受到外部因素的影响，并非否定我们应该对自己的行为负责，而仅仅意味着所有的行为都是某些原因造成的结果。一个潜在的罪犯在考虑是否抢劫银行时，不仅会在他希望能抢劫到的金钱的诱惑和他对反对盗窃的道德规范的忠诚度之间做出选择，而且会在金钱的诱惑与受罚的可能性之间进行权衡。如果抢银行不会受到惩罚，那么可能就会有很多人跑去抢银行。

第 7 章 运用政策工具来塑造环境

这就是为什么即使没有任何公民相信传统意义上的自由意志，所有明智的国家都仍然会坚持对抢劫银行的行为进行处罚。自由意志的怀疑论者相信每个决策都受到决策之前存在的因素的影响，正如我们在本书第 3 章里看到的那样，一个人对于因违反法律或者规范而将受到惩罚的恐惧，其实就是决定其决策的前置性因素之一。

一些自由意志的怀疑论者承认存在着这种可能性：对自由意志的思想进行质疑，可能会使得某些人更难抵制诱惑，但他们同时也认为这种质疑会带来好处。哲学家山姆·哈里斯（Sam Harris）就提到，质疑自由意志会鼓励大家更开放地评估那些可能导致某些行为的环境因素，而这些行为原本就是社会不鼓励的行为。他认为，这种评估最终会引导出制止这些行为的更有效的方法。

至少在吸烟的例子里，我们很难理解为何监管部门承认了行为传染的重要性，就会让非吸烟者更难以抵制吸烟的诱惑，或者会让吸烟者更加难以戒除烟瘾。即使那些没有看到过相关统计数据的人，可能也听说过或者直觉上就能理解这一点：行为传染效应会严重影响一个人是否吸烟的决定。因此，监管部门在制定政策时可以考虑行为传染的因素，而不必公开发布引人注目的评论。

无论如何，接受"我们的选择常常受到外部力量的影响"这一事实，与"让人们对自己的选择负责符合社会的利益"这一信仰明显是一致的。但是，与那些受到二手烟伤害的人相比，选择是否吸烟的人确实拥有更大的自主性。因此，要求监管机构在第一种情况下承担更严格的证明责任也是合理的。

然而，没有人质疑过吸烟率的上升增加了每个非吸烟者染上烟瘾的概率。在统计学上可以肯定的是，如果染上烟瘾的人增加了，这个事实本身又会在整体上进一步增加吸烟者的数量，尽管每个新增的吸烟者都有自由选择戒烟。因此，那些认为监管者应该无视行为传染效应的人实际上是在说：监管部门应当忽视人们因自己的选择而遭受的任何伤害。

把上述观点称为有争议的想法简直是轻描淡写。虽然自由主义者常常不赞同对成年人制定关于系安全带和佩戴自行车头盔的强制性规定，但他们中仍有很多人认同这种措施对孩子们是有益的。在吸烟的例子里，孩子们是对同侪影响最没有抵抗力的群体。那些反对政府通过努力把孩子们从这种不良影响中隔离开来的人是难以为自己的立场进行辩护的，即使那些最倾向于认为政府应该无视行为传染效应的人也是如此。

有些政策很明显是用来保护成年人免受恶意决策的伤害的，很多受人尊重的学者一直在拥护这种政策。其中一些重要例子是那些关于自我控制的决策。心理学家很早就知道，

第 7 章　运用政策工具来塑造环境

人们常常会因为抵制不住诱惑而去做一些原本他们不想做的事。当有一个不完美却可以立即兑现的奖励出现在面前时，很多人往往更倾向于选择这个即时奖励，而不是花更长的时间去等待一个更大的奖励出现。换句话说，当做出某个选择可以立即获益，但为其付出的代价却在很久以后才会出现的时候，这个选择就会散发出具有迷惑性的吸引力。值得注意的是，那些选择了这种即时奖励的人事后常常会对自己的选择表示后悔：很多人第二天早上一醒来就感慨要是自己前一晚能少喝一点酒就好了，但很少有人会希望自己在前一晚干脆喝得更多一些。

政府应在多大程度上采取措施，帮助人们避开自控力不足的弊端？这仍然是一个具有争议的话题。当这种弊端造成的负面后果较小的时候，大家的共识是应当由人们自己去抵制诱惑；然而当这种弊端会造成更严重的后果时，这一共识很快就瓦解了。

对工作场所里核辐射暴露的监管就是一个典型例子。在高额薪水的诱惑下，工人们可能愿意接受对健康和安全的延迟风险，这种情况在核工业的做法中就有非常生动的体现。核工业偶尔需要清理核泄漏，执行这种任务的工人可以立刻获得一笔可观的额外收入，同时也需要承受辐射导致的巨大延迟健康风险。但即便如此，还是有数量众多的工人申请去从事这项工作。

203

美国联邦政府现在对这些工人可能接触的辐射量进行了限制。如果工人受到的辐射剂量超过限制水平,他们就会得到额外补偿。在这个行业,这些清理工人被称作"发光的虫子",他们的身上总是出现超辐射量现象,且通常是自愿为之。如果没有联邦政府规定的限制水平,他们中有些人甚至愿意暴露在更高剂量的辐射当中。

难道这些规定是政府监管部门在多管闲事吗?理性的人都不会同意这个说法。从表面上看,这似乎违反了约翰·斯图尔特·密尔(John Stuart Mill)的观点:"人类之所以有理有权可以个别地或集体地对其中任何分子的行动自由进行干涉,唯一的目的只是自我防卫。"但一些哲学家通过对密尔所说的"违背个人意愿"进行阐述,为看似家长式的监管进行辩护。杰拉德·德沃金(Gerald Dworkin)就写道:

> "面向未来的共识"强调的是一个孩子长大后究竟什么会对他有利,而不是他现在喜欢什么。有些人主张,因为在很多时候,逐渐步入成熟的成年人在理性思考和决策的能力方面仍会存在跟孩提时代一样的某些不足,所以政府需要继续采取家长式的管理。因此,与其说政府在对这种人进行监管,不如说政府是在引导这些人去做他们在完全理性的情况下会做的事情。

在这一观点中，限制工作场所中电离辐射水平的监管政策，其实并没有违背那些会受到辐射影响的工人们的意愿。德沃金等人认为，在实际效果上，如果有了后见之明，人们通常会因为监管部门没有在自己年轻的时候阻止自己做出那些自我毁灭的行为而憎恨不已。那些遵从密尔箴言的监管机构仍然需要决定谁的"意愿"更加重要，是当前自我还是未来自我？支持未来自我，意味着限制当前自我的行动自由。但是，不限制当前自我则会忽视未来自我充分考虑后希望受到保护，以免受当前自我目光短浅选择的伤害这一意愿。

UNDER THE INFLUENCE
解码行为传染

行为经济学的研究进一步推动了这种思维方式。在这个快速发展的领域里，学者主要在心理学和经济学的交叉领域进行研究，同时也借鉴了其他学科的成果。他们最有力的发现之一是：除了涉及自我控制的问题，人们常常会违反那些基本理性的假设，以不符合自身利益的方式行动或者决策。正如这些学者所强调的，集体行动常常在不严格限制人们按照自己意愿进行选择的自由的情况下，鼓励人们做出自己倾向的选择。通常，这可以通过简单地重新安排选项的方式来实现，而不需要以任何方式限制人们的行为。（详见第8章）。

但为了方便讨论，假设我们采纳了极端自由主义者的观点，即监管官员应该对人们因自己的选择而遭受的伤害视而不见。当然，即使采纳此观点，也并不意味着监管机构可以忽视行为传染。因为行为传染而引发的吸烟行为不仅会伤害到新吸烟者本人，还会伤害到许多无法避免这种伤害的其他人。

我们来看一下那些已经采取了所有合理的措施来劝阻孩子吸烟的父母们的情况吧。基于我们对吸烟会给健康带来的损害性后果的了解，谁能预测这些父母会采取哪些努力去实现劝阻的目标？他们会采取严格的自我约束，选择不吸烟的朋友，引导孩子远离那些有人吸烟的公共场所，并且反复告诫孩子关于吸烟的危害，也许他们还可以做更多……但是，青少年心理学家发现的证据表明，采取更多极端的措施可能会有适得其反的效果。也就是说，如果给青少年施加过大的压力，他们变成吸烟者的可能性会更大，而不是更小。

可以确定的是，在这样的父母群体中，孩子的同伴是吸烟者的比例越高，劝阻失败的父母也就越多。这些家长们和二手烟的受害人一样无助，虽然他们受到的伤害很难量化，但这并不意味着他们的伤害就不值一提。而且受到伤害的并非仅仅是这些父母们，当一个孩子因吸烟而在成年之前就不幸去世时，他的亲戚和朋友也会遭受痛苦。

自由市场的拥护者往往倾向于把获取个人私利强调成一

第 7 章　运用政策工具来塑造环境

个人最重要的动力,因此他们可能会低估上述伤害。很多反对政府监管的人都是自由市场的拥护者,他们经常援引亚当·斯密"看不见的手"的理论。按照他们的说法,市场中的各种力量通过追逐个人私利而服务于更广泛意义上的社会利益。这个说法确实很有说服力,但是亚当·斯密本人也明白,仅仅依靠个人私利是无法创建一个公正社会的。他认为,市场只有在大家都遵守精心构建的法律和道德规范的基础之上才能充分地发挥作用。亚当·斯密在《道德情操论》(*The Theory of Moral Sentiments*)一书中对这种法律和道德规范进行了阐述,这本书早于《国富论》近 20 年出版。

在监管决策中纳入行为传染的因素

然而,即使拥有了精心构建的法律和制度,对一个社会来说也仍然是不够的。**一个良好的社会必须做到即使在没有外人监督的时候,人们仍有动力不去违反这些法律和规范。**在亚当·斯密看来,共情力就是这种驱动力的主要来源。灵长类动物学家弗朗兹·德·瓦尔(Frans de Waal)曾写道:"一个基本的但很少被提及的问题是:为什么物竞天择的最后结果会导致人类的大脑与同伴产生共鸣,人类会在同伴压力重重的时候倍感焦虑,在同伴欢欣鼓舞时也倍感开心?如果剥削他人是唯一重要的事情,那么人类压根就不会进化出共情这样的能力。但恰恰相反的是,人类具有共情力。"

正如我们在本书第 3 章讨论的那样，在与狭隘的私利发生冲突时，共情力会激发良好的行为。少数人会把杀虫剂直接倒进地下室的排水系统而不是以安全但费时费力的方式加以处理，但大多数人不会走这个捷径；少数顾客在预计未来永远不会再次光顾的餐馆用餐后不给小费，但大多数顾客即便在这种情形下仍会按约定俗成的比例给服务员小费。共情是这种自律的重要来源，人们之所以自律，是因为担心不这么做会给别人造成伤害。

在父母对待孩子的行为中可以看到最强大的共情效应。那些从未抚养过小孩的成年人有时候很难理解，为何父母有耐心在午夜花上几个小时的时间去安抚一个无法停止哭闹的宝宝。而一旦他们自己也成为父母之后，孩子的不适对他们的影响就会比他们自己身体不适的时候还要大，他们是绝对不可能会袖手旁观的。

一些秉持利他主义思想的哲学家坚持认为，如果在挽救自己孩子的性命和挽救两个陌生人的性命之间进行选择，正确的做法是挽救陌生人。但是，如果父母都这么认为的话，就很少会有孩子得到长大成人所需要的那种照顾。那些在选择拯救自己孩子的性命而不是陌生人的性命的父母抚养下长大的孩子们，远比那些被拥有严格利他主义思想的父母抚养长大的孩子们生活得幸福。

考虑到父母共情的力量和重要性，就很容易理解为何父母都不希望自己的孩子长大之后成为吸烟者。但是，重申一遍，如果孩子的同伴都是吸烟者，大部分父母注定会失望。坚持认为同侪影响并不能构成政府监管吸烟行为的正当理由的那些人，难道认为保护这些父母们免受失望之折磨，与维护人们的吸烟自由相比就无关紧要吗？如果是这样的话，面对超过90%的吸烟者都希望自己以前从未开始吸烟这一事实证据，什么样的论据才能支持到前面那种吸烟自由的理论呢？

任何这种论据都值得我们仔细审视，因为同侪影响也与除了吸烟之外的许多其他形式的有害行为强烈地交织在一起。例如，大多数父母都希望自己的孩子能够健康地长大，但正如我们将在第10章里看到的那样，如果孩子的同伴都经常喝1升的含糖软饮料的话，他们中的很多人将变得肥胖。也很少有父母希望孩子在学校中霸凌别人，但同样地，同学的行为在这方面的影响也是巨大的。

即使缺乏关于"监管部门应该忽视同侪影响"这个说法的具有强说服力的论证，立法者的注意力迄今仍主要集中在那些会对他人造成严重直接伤害的行为上面。他们无视这样一个事实：当人们因为自己的决定而受到伤害时，那些关心他们的人也会因此受到伤害。这种不对称性有助于理解为何监管者会迅速地把暴露于二手烟的直接危害作为对烟草征税的辩护依据，然而正如我们在前文提到过的那样，这种危害根本不足以证明我们采取的那些相对极端的控烟措施的正当性。但是，如果我们把吸烟者通过行为传染而造成的间接危害也考虑进来时，那么我们就很容易证明其合理性，哪怕是更严格的控烟措施。

再强调一次，决定因素是环境而非个人。这短短一句话反映出了社会学者长期以来形成的一个共识：**审视一个人所处的社会环境比观察一个人的性格特质更能预测他未来的行为。**因为社会环境对我们每个人的影响是如此强烈，这种影响有时候是正面的，但更多的时候是负面的，所以，我们有充分的理由运用政策工具来塑造环境，使其为我们的利益服务。

然而，过度监管的危险也是显而易见的。例如，2015年3月23日，时任新泽西州州长克里斯·克里斯蒂（Chris Christie）颁布了一项禁止教堂机构售卖纪念墓碑的法令，新泽西州纪念碑建筑协会对该法令表示支持。自从2013年纽瓦克教区开始销售墓碑以来，新泽西州纪念碑建筑协会的墓碑销售份额就大幅下降了。

新闻记者塔尼娅·马什（Tanya Marsh）曾这样讲述该法令的沿革，它"是在一群私人市场参与者的要求下推出的，而这群人提出要求的理由并没有那么冠冕堂皇，实际上是为了保护他们免受市场竞争的苦恼。因为墓碑和纪念碑本来是不

第7章　运用政策工具来塑造环境

受监管的商品，所以这种赤裸裸的反市场竞争的措施令人震惊。事实上，任何人都可以在新泽西州制造和销售墓碑、墓穴和私人陵墓，除了宗教组织和拥有或管理公墓的非营利性机构"。

这种法律据说是监管俘获的结果。所谓监管俘获，是指监管部门按照特定行业的意图和行为，一再实施偏离公众利益的、让被监管的行业本身受益的监管政策的流程或者结果。监管俘获普遍存在，但并不是糟糕政策的唯一来源。

我们再来讨论一下安全监管的问题。仅仅因为可能会出现市场失灵这样一个事实，是无法保证政府实施的监管政策就一定能够可靠地改善安全问题的。市场是不完美的，监管机构也是如此。过去几十年，我一直在撰写关于各类监管政策的文章。这期间，我见过的最生动的政府无效干预例子，就是下面这段摘自美国职业健康和安全委员会的1976年版《工作场所安全标准手册》中就梯子安全要求提出的30页双栏内容：

> 最小尺寸的水平梯板的木纹斜度不得超过1/12，但对于长度不超过3米的梯子，斜度则不得超过1/10。木纹斜度面积的局部偏差不得超过上述规定的1/12或者1/10。对于所有的梯子，只要新增面积可以提供比按最小尺寸打造的梯子至少

高出 15% 的强度，就允许用木纹斜度不超过 1/10 的替代木纹斜度不超过 1/12 的木材。与本规定允许的其他不规则情形相关的木纹局部偏差也是允许的。

我们难以相信，从上述这种安全监管政策中获得的好处，会超过努力理解它而需要付出的成本，更不用说遵守这种政策的成本了。

我们可以反对监管俘获和不恰当地执行政策，但不必认可"所有监管政策都会造成适得其反的结果"这一观点。亚当·斯密的"市场力量常常通过追逐个人私利来满足公众利益"的观点是正确的，但同时他也是"政府监管能弥补市场不足"观点的坚定支持者。现实中，个人和社会的利益常常交织在一起，但并非总是如此。正如我们在本书引言中所看到的那样，私人企业家的利益促使他竖立一块与众不同的广告牌，但当所有企业家都毫无底线地追逐个人利益的时候，城市的市容就会一片混乱，这使得大多数城市都会对广告牌的放置位置、高度、大小、亮度和其他特征实施监管政策。企业家虽然受到这种监管政策的限制，但通常也会表示拥护。基于同样的原因，大多数城市的区划条例都不会允许在像我所居住的区域一样人口稠密的居民区经营一家养猪场。

即使是最激进的自由主义者也不会认为，对个人自由的限制永远都不具有正当性。持有这种极端观点的人就好比反对设立红绿灯和反对设立死刑的法律一样。我们稍加思考就会明白，如果国家取消对所有人行动自由的限制，就意味着每个人高度重视的自由会被大大削减。

UNDER THE INFLUENCE
解码行为传染

在法学和经济学的交叉领域进行研究的学者都认为，千百年来，法律总体呈现朝着更高效的方向发展的趋势，尽管这一过程并不完美，且充斥各种例外情况。不过，在针对伤害他人的行为的法律和制度方面，一直存在一条清晰的修改主线：当一个人对自己的行为所付出的代价低于因停止这个行为而避免的损失时，限制人们按自己的意愿行事的法律就更有可能执行。法律之所以出现这种演变趋势，是存在具有说服力的依据的。正如罗纳德·科斯（Ronald Coase）以及其他学者强调的那样，当两个阵营的活动互相干扰的时候，以成本最低的方式来解决问题符合双方共同的利益。

即使这个视角推动法律朝着更高效的方向演化，也并不意味着带有负面影响的行为的问题都能轻易地获得解决。很多时候，成本和收益都难以估量，尤其因为双方都可能策略性地摆出姿态。但是，同样的视角还可以用来识别很多置身其中的双方并非势均力敌的例子。吸烟就是一种给他人带来严重伤害但不被行为人高度重视的行为。它会给他人带来巨大的危害，其中大部分是间接的危害，并且绝大多数吸烟者都一面倒地承认他们吸烟的习惯对本人有害，因此实施限制吸烟的政策就符合前述的修改主线。

但我们采取了远比仅仅为确保人们不会受到二手烟伤害而需要采取的措施更为严格的手段。然而，一旦我们承认行为传染可以作为推出监管措施的一个正当理由，那么我们以前实施的监管措施明显不足的事实就会凸显出来。而且正如我们在本书第 4 章所看到的，吸烟并非唯一存在这种问题的行为。

鼓励人们对自己行为的后果负起责任的做法是有意义的，很少有人会否认这一点。但这种看法也会鼓励人们去反对以建立更具支持性的同侪环境为目标的限制性措施。这些批评者坚持认为，分清楚身边哪些人是值得模仿的榜样以及最好对哪些人敬而远之，是每个人自己的责任。

然而，对于施加于企业行为上的类似限制性措施，许多持有这种观点的人却又是持赞同态度的。出现这种不对称性的原因之一，是人们普遍认为朋友很少会主动伤害我们，而这个原则不适用于企业。企业通常会试图说服我们去服务于它们的目标，即便这些目标与我们自己的目标相冲突。更令人不安的是，企业一般具有足以让我们服从它们意志的巨大

第 7 章　运用政策工具来塑造环境

权力,只要对它们有利,一些企业就会运用现代营销武器,来诱使我们陷入具有自我毁灭性质的行为而无法自拔。这种现象被合理地援引为政府对那些可能会伤害他人的企业行为进行监管的正当理由。

但是,因为消费者行为会影响同侪环境,所以同样的现象也为政府监管消费者行为提供了理由。企业的营销人员现在都明白,提振本公司产品需求的最可靠的方式,就是投资于增加潜在客户的同伴推荐的可能性。曾经用于直接向消费者宣传其产品特点的数十亿美元,现在被用于针对这些产品展开复杂的社交媒体广告,旨在引发关于这些产品的病毒式讨论。企业已经全面理解了同侪影响的力量,并且正在大力投资于利用它们为企业目标服务的新方法。

从纯粹描述事情的角度来看,很明显,监管企业的行为常常意味着为了阻止负面同侪影响而进行监管。那么,那些认同这种监管合理性的人如何才能出于类似的目的反对监管个人行为,从而保持"一致性"呢?"一致性"当然不代表一切。拉尔夫·沃尔多·爱默生(Ralph Waldo Emerson)曾经写道:"愚蠢的'一致性'是人类思想里的怪胎,为那些小政客、哲学家和传教者所推崇。"但是,并非所有保持"一致性"的愿望都是愚蠢的。在监管个人这件事情上,那些反对以阻止有害的同侪效应为由来监管个人行为的人,是不是应该承担相应的举证责任呢?

需要指出的是,粗暴的禁令并非阻止人们参与对别人带来严重伤害的活动的唯一方法。正如我们将在下一章看到的那样,一般而言,税收是限制这种活动更有效的方法。与禁令以及其他矫正性措施相比,税收的方案具有多重优势。尤其对于那些特别重视这些活动的人而言,税收能够让他们继续从事这些活动。除此之外,由此获得的税收还可以用于支付对人们有价值的公共服务。当然,没有人喜欢缴纳税金,但是每当我们自有害活动里征收到1美元的税,就意味我们从有益的活动中征收的税金可以减少1美元。

人们总是建议政府官员要谦虚、谨慎地使用国家权力来限制人们的行动自由。但是,谨慎就像其他美德一样,也需要适可而止。社会影响的力量极其强大,将其视为监管干预的禁区的做法已经显得我们过于谨慎了。我们之前失去了太多可以打造出有利于释放我们最大潜力的社会环境的大好时机,未来我们仍可以在不要求任何人做出牺牲的情况下,抓住很多此类机会。

UNDER THE INFLUENCE

第 8 章

创造更具鼓励性的环境

在遗体捐赠意愿书中，
为什么将器官捐赠设置为默认选项
能够鼓励更多的人做出肯定的选择？

UNDER THE INFLUENCE

第 8 章　创造更具鼓励性的环境

从各种角度来看，人与人之间都存在不同之处。然而，心理学家认为，通常当我们努力理解人们为何会表现出不同的行为方式时，审视我们身处的社会环境远比询问我们是什么类型的人可以获得更多的发现。

正如我们已经了解的那样，观察某个人的朋友中吸烟者的占比，比分析他的个性特质更能准确地预测这个人将来是否会成为一个吸烟者。但是因果关系不仅会从群体延伸到个人，而且反之亦然：如果一个人吸烟了，那么就可以预料到他的朋友们吸烟的可能性也会略微上升，但是因为集体对某个人的影响远大于个人对于集体的影响，所以他几乎没有理由去担心他个人的吸烟行为会影响到整个集体。

行为传染效应　UNDER THE INFLUENCE

高效且公平的庇古税

有些社会环境因素会从积极的角度影响我们,然而正如吸烟这件事显示出来的那样,有些社会环境至少有可能使我们误入歧途。套用经济学家在描述环境污染造成的危害时使用的语言,我把后一种环境效应称为负面的行为外部性。

虽然有时候社会采纳经济学家关于消除环境外部性的建议的速度很慢,但是部分政策如富人税和监管的合法性基本上已经不再有争议了。不过在消除负面的行为外部性的政策制定方面却不是这样的。在吸烟这个例子里,政府监管者以有必要保护无辜的旁人免受二手烟的伤害为由,来为烟草税和其他控烟措施进行辩护,他们几乎从来不从消除负面的同侪影响的角度来解释这些措施。

我在本书中的核心论点是:**那些以建立更具鼓励性的社会环境为目标的政策,符合我们公众的正当利益**。迄今为止,烟草税和控烟措施最大的好处是它有利于创建一个让我们的下一代成为吸烟者的可能性变得更小的环境。因此,我们可以将这些措施很贴切地描述成鼓励人们出于因自己变成吸烟者后会增加别人染上烟瘾的可能性的焦虑而应该做出的举动。当然,这些措施不会直接影响到人们的态度,不过,它们的效果与那些鼓励人们谨防自己某些行为给社会带来负面影响的政策的预期效果,是一致的。

就像那些遏制直接造成身体伤害的行为的政策一样，阻止有害社会环境的政策也会让无辜的旁人免受伤害。按照这个标准，后者就具有跟前者一样的正当性。在制定所有政策时，一个现实的问题是，该政策所防范的伤害是否超过了实施该政策的成本？

一旦我们认同消除负面的行为外部性的政策在原则上是正当的，下一步就需要研究在实践中如何最有效地加以实施。因为行为的外部性与空气和水污染等物理形态的外部性完全相似。我们在应对这种传统形态的污染方面的做法为消除负面的行为外部性提供了有价值的经验。

对环境污染的经济分析始于这样的观察：个人和企业之所以会污染环境，不是因为他们有意要伤害他人，往往是因为环保的生产和消费方式比污染的方式要昂贵得多。如果环保方式的成本更低，那么从一开始就不会出现污染的问题。从社会整体的角度来看，产生污染的工艺流程之所以具有误导性的吸引力，是因为污染排放的危害主要落在他人身上。

英国经济学家阿瑟·塞西尔·庇古（Arthur Cecil Pigou）是建议运用税收手段来控制环境外部性的先驱。他在经典著作《福利经济学》（*The Economics of Welfare*）中指出，阻止人们使用产生污染的工艺流程的最好办法是对他们排放的污染物征税，以提高他们的成本。这种税收通常被称为庇古税。

庇古解释说，这种税收方式可以激励人们以尽可能低的成本实现所有既定的排放目标。假设监管机构希望将现有污染排放量再降低一定比例，传统的监管方式是要求每家企业等比例地减少排放。而庇古认为，这种方式的问题在于，有些企业其实能以比其他企业更低的成本减少排放。因此，要求所有企业等比例地减少排放会导致高得多的（整体）成本，而这恰恰是庇古税能解决的问题。

假设政府对每吨特定的工业污染排放物征收1 000美元的税，那么企业就会考虑如下问题：是否能够在付出低于1 000美元的投资后，减少1吨污染物的排放？如果答案是肯定的，那么减少这1吨污染物的排放，从而避免缴纳1 000美元的税金，就是符合该企业利益的做法。企业一开始都会运用最便宜的减排方法，然后才会考虑成本更高的方式。它们会持续地努力减少排放，直到减排的成本超过1 000美元。在那之后，进一步减排的成本就超出了相应的减税金额。

那些拥有低成本减排技术的企业，在税收政策的鼓励下将会实现比其他企业更大规模的减排。因此，相比无差别地要求所有企业都等比例地减排的替代政策，征税政策能够以明显低得多的成本实现同等规模的减排总量目标。

让那些有能力以最低成本减少排放的企业承担大部分的减排任务，这个做法似乎不大公平。但是如果我们更仔细地观察后，就可以发现庇古税不仅高效，而且很公平。因为那些有能力以最低成本减排的企业实际上减排的数量也比其他企业多得多，所以他们最后缴纳的污染税也少了很多。

庇古的方法提醒了我们，在某个临界点之内减少污染才是符合社会利益的。只要减排的成本低于我们赋予相应的更环保环境的价值的时候，进一步的减排就是有意义的。但是，一旦为减少额外的污染付出的代价高于那个价值，我们就应该停止。简而言之，社会最理想的污染状况并非零污染。这好比说，我们大多数人都喜欢住在一个干净的房子里，然而我们不会每天都花一整天的时间去打扫房间。当扫除额外灰尘的成本超出了某个临界点，我们就会说："房子已经足够干净了。"

庇古的方法也强调了环境污染的社会总成本主要取决于污染总量，而非取决于制造污染者的具体身份。这一观点清楚地表明，庇古的方法不仅高效和公平，而且对于个人和企业的自由也给予了很大的尊重。有些企业可以低成本地减少排放，但有些企业拥有的选择却极其有限。禁止性法规要求每个企业都必须达到一个统一的治污目标,这种法规可能迫使后一种企业破产而退出市场。而庇古的方法为后一种企业增加了一个选项:他们可以为他们排放所造成的破坏而支付相应的税金,这样他们就得以继续运营。

从功能上来说,庇古税等同于经济学家所说的"限额交易"制度。"限额交易"制度规定企业必须为每吨污染物的排放获得许可证,并且为这种许可证建立一个买卖市场。"限额交易"制度的优点之一,是政策制定者可以事先设定期望的减排目标。相比之下,庇古税却必须在不同的税率之间反复试验才能发现可以达到设定目标的税率。

尽管庇古税和"限额交易"制度在消除环境外部性方面具有明显的优势,但是政府机构采纳的速度却很慢。例如,在 20 世纪七八十年代,美国监管机构持续地采用禁止性法规,而不是采用税收或者可交易排污许可证的方式来解决酸雨问题。这个问题的源头是美国中西部的火力发电厂的二氧化硫排放。这些排放物在被风吹到东部后,会导致东北部的几个州降下酸雨,从而对森林和渔场造成大面积的破坏。

早在 20 世纪 60 年代中期,经济学家就建议为二氧化硫排放许可证创建一个交易市场。他们认为,即使提供数量有限的许可证,也会显著减少美国中西部发电厂排放所造成的污染。环保群体对这个建议嗤之以鼻,把它比作一个会使发电厂毫无顾忌地大肆排放污染物的方案。这种批评其实是一个可笑的错误。首先，因为许可证对应的排放量比当时实际的排放量要少得多，因此这个建议不可能会让发电厂迎来肆意排放的机会。更重要的是，这个批评隐含了一个奇怪的企业动机模型：企业家会因为可以从污染中获得满足感而肆意排放污染物。这绝对是无稽之谈。正如庇古和其他经济学家一直以来强调的那样，企业之所以会排放污染物，是因为减排是要花钱的。

直到《清洁空气法》（Clean Air Act）修正案由美国国会在 1990 年通过，经济学家建议的这个二氧化硫排放许可证的交易市场才最终建立。在这之后，酸雨导致的损失比之前采纳禁止性法规时下降得更快，花费也比之前低得多，这与经济学家的预测结果完全一致。与之前采纳禁止性法规的方式相比较，每个具体的部门因采纳"限额交易"制度节约资金的百分比在 15%～90%。2011 年，哈佛大学的一个评审小组曾得出如下论断：

> 即使在 20 多年以后，作为 1990 年《清洁空气法》修正案的一部分而制定的国家二氧化碳补助交易计划仍然被广泛地认为是世界环保政策史上具有标志性的一步。这个计划虽然谈不上完美，但几乎按所有的标准衡量它都大获成功。这个计划无疑证明了广泛的"限额交易"系统可以实现显著的减排

目标，同时企业可以自如应对，并且监管者也可以执行该系统的合规要求，以及给予私人部门一系列减排选项的灵活性，可以同时达到保护环境、鼓励创新和传播、降低总体减排成本的效果。

对于征税普遍的反感是人们抵触实施污染税的原因之一，但是这种反感至少部分建立在缺乏逻辑思考的基础之上的。例如，那些谴责征税为盗窃的人似乎认同这样一种观点：如果政府没有征收强制性税收的权力，社会将运作得更好。如果突然改成自愿缴税，有些人也许在短期内会继续纳税，但是随着他们的相对购买力不断下降，他们维持基本生活的能力会持续受到限制，他们对纳税的不满情绪就会迅速积聚。随着越来越多的人停止缴税，政府很快就无法提供基本的服务。而且，不管我们对合理的政府权责范围持何种态度，只要认真思考一下，我们就明白，没有政府将会带来各种深层次的社会问题。

例如，一个没有政府的国家不可能出动军队，但其他国家却可能通过强制征税的方式维持自己的军队。由于缺乏保卫自己的能力，这个无政府的国家很快就会被其他国家的军队入侵和征服。这个国家最终仍会背负向征服国政府纳税的义务。

当现实主义者讨论税收政策时，他们只关心两个有趣的问题：我们应该对什么征税，以及税率应该是多少？第二个问题比第一个要难得多，因为对它的回答反映了在"什么才是政府应有的规模和权责范围"这种问题上的理念差别，而不同的理念是难以调和一致的。不过，庇古的分析为第一个问题提供了一个相对容易的答案：我们应该对那些会对他人造成伤害的活动征税。

UNDER THE INFLUENCE
解码行为传染

庇古税具有一石二鸟的效果，它不仅为政府带来了收入，而且也抑制了那些造成的损害会大过其产生的收益的行为。在一个理性的世界，庇古税应当是毫无争议的，可以持续地实施，直到那些会给他人带来不必要伤害且不用因此缴税的行为全部消失。因此，即使公民同意不再增加额外的公共支出，对那些会给别人造成不必要伤害的行为征收收入中性的庇古税仍是符合我们的利益的。

然而，令人困惑的是，目前几乎所有政府都通过对有益于社会的活动征税来获得相当大比例的收入。例如，美国的工资税实际上阻碍了企业雇用更多的工人；收入税也会影响人们的储蓄额，所以它等同于不鼓励人们进行国家急需的储蓄和投资活动。每增加 1 美元的庇古税收入，就意味着我们可以对有益于社会的活动少征 1 美元的税金。

行为传染效应　UNDER THE INFLUENCE

采用庇古税清除负面的行为外部性

虽然用庇古税取代对有益于社会的活动征税将会产生净收益，但这并不一定会使得每个人都生活得比以前更好。那些利益受损的人往往具有远超其人数的政治影响力。这部分是因为我们在本书第 1 章讨论过的损失厌恶，即因某种程度的损失而导致的满足感的减少，会远远大于因同样程度的增益而带来的满足感的增加。政治科学家将"对损失的厌恶"嵌入了政治铁律中：失败者的哭声永远比胜利者的歌声更加响亮。

损失厌恶所带来的挑战加剧了人们对分配问题的关注，因为任何新的庇古税税收都必然会影响到至少一部分低收入人群。

例如，在 2007 年，当纽约市市长迈克尔·布隆伯格（Michael Bloomberg）建议对在交通高峰时驶入曼哈顿中心区的车辆收取堵车费时，该市议员刘易斯·费德勒（Lewis Fidler）就反对说这个举措会对穷人造成前所未有的负担。"这会造成一个两极分化的城市，"他补充说，"富人可以进入曼哈顿，而穷人却不可以。"后来，市议会批准了市长的提议，不过这个提议在执行时仍被州政府官员以分配失衡为由加以阻止。

用合理的方式解释政策的推行

这种对分配问题的关注会阻碍令人信服的公共政策建议的实施。在一个涉及监管纽约州电话费率的例子里,我第一次意识到了它的影响力。在我于 1972 年在康奈尔大学开始我的教职生涯后不久,经济学家阿尔弗雷德·卡恩(Alfred Kahn)离开了他在该大学文理学院院长的职位,去担任纽约州公共服务委员会主席一职。纽约州公共服务委员会负责监管纽约州公用事业。卡恩去该机构所在地奥尔巴尼市就职后,首批支持的措施之一是对每次号码查询服务收取 10 美分的服务费。

当时,电话用户可以拨打 411 号,告诉接线员他想知道的电话号码所有者的姓名和所处城市,然后他就可以听到她(通常接线员都是女性)翻阅电话簿查找号码的声音。事实上,这个电话簿与放在用户面前桌子上的那本可能毫无区别,但是因为用户不用为拨打 411 号码付费,他们根本就没有动力自己去翻找号码。然而,为了提供这种号码查询服务,电话公司却需要雇用许多接线员,并且投入巨资去购买设备。这些成本随后通过对所有用户征收更高的费用来收回,即使有些用户从来都不拨打 411 号码。卡恩认为这样的安排既低效又不公平。

结果,新方案出人意料地引发了强烈的抗议。

更让人匪夷所思的是，专家们也在委员会面前作证，说这项新的收费会威胁到纽约州社区重要通信网络的稳定。

为了避免方案失败，卡恩做了小幅度修改，他宣布仍对每次电话查询服务收费 10 美分，但也给每个电话用户每月的账单附送一个 30 美分的信用额度，用户可以用其预计的、可以从减少使用号码查询服务中节约的金额来支付这笔信用。基于这个新方案，只有那些每月平均使用号码查询服务超过 4 次的电话用户，才需要支付更高的话费，而那些每月平均使用不到 3 次号码查询服务的用户，其话费实际上会下降。新方案一经推出，反对的声音几乎立即消失了。时至今日，任何建议免费使用号码查询服务的方案都已经显得不合时宜了。

在与卡恩就他的这个经历交流之后，我学习到的经验是，即使涉及的金额极小，人们对于分配不公的焦虑仍会阻碍政策的实施。如果卡恩最初的方案得以实施，即使最贫穷家庭的生活水平也不会真的因此出现变化，然而，如果不解决对他提案的分配上的异议，提案几乎必然会难以实施。

当然，在许多其他的领域，为消除外部性而需要征收的庇古税都会远远高于卡恩对于号码查询服务的收费。不过，在这些情况下，类似于卡恩 30 美分信用额度的措施也

第 8 章　创造更具鼓励性的环境

会有利于减少因分配焦虑而引起的反对。例如，我们可以把从交通堵塞税获得的部分收入用来降低车辆注册费，或者为在堵塞严重时段的低收入摩托车主们提供数量有限的可转让凭证，那些必须在高峰时段出行的摩托车主可以自己使用这些凭证，而其他具有更灵活作息时间的人则可以转售凭证以获得一些额外的收入；从烟草税获得的收入可以用于降低工资税的征收比例，或者用于支撑更慷慨的社会保障体系……事实上，对于其他任何庇古税，政府都可以实施类似的缓冲措施。

正如所有气候科学家和经济学家所认同的，庇古二氧化碳税必须是所有为消除温室气体排放而采取的措施的核心支柱。这种税收以多种方式来解决问题，其中最直接的和唯一被支持者强调的效果，是通过提高排放二氧化碳的成本，为生产者和消费者减少排放提供强大的动力。

但是，因为行为传染会强化人们选择能源密集型活动的倾向，所以采用二氧化碳税不仅会通过让能源密集型的活动变得更加昂贵的方式减少此类活动，而且能产生强大的社会反馈效应。举个负面的例子，提高 SUV 的使用成本，会减少这款车的购买者人数，进而使得这款车对其他人的吸引力降低。而正面的例子是，提高安装太阳能电池板的经济回报，会鼓励更多的人去安装，进而引来其他人追随潮流。

但是，对二氧化碳征收重税的最大收益并非来自更强大的实施环保措施的动力，而是来自它所激发的技术创新浪潮。我们这个星球的持续生存很可能取决于这些创新的出现。

很多科学家认为，即使按照联合国政府间气候变化专门委员会设定的时间表将二氧化碳排放量降低到零，也不能够避免全球变暖的灾难性后果。他们表示，消除已经散布在大气中的大量二氧化碳也是很必要的。

虽然已经有技术可以做到这一点，但是与目前减少排放的方法相比，前者很难大规模推行，并且实施成本也很高。我们最大的希望是，创新最终会降低这种技术的成本，并促成其规模化推行。这可能是尽快对二氧化碳征收重税的最重要理由。

即使在最乐观的假设下，为了抑制全球变暖趋势而必须实施的二氧化碳税都将是很高的。例如，联合国政府间气候变化专门委员会就曾经估计，为了实现2030年的排放目标，必须对每吨二氧化碳至少征收135美元的税金，这意味着每加仑油价将上涨1.2美元以上。没有人会怀疑，如此大规模的征税将招致民众由于对分配问题的担心而产生不满。

但是，从二氧化碳税上征收到的每1美元，都意味着可以从其他税种上少收 1 美元，减少二氧化碳排放的实际成本只包括与我们将采用的环保流程相关的成本，而长远来看这种成本是很低的。

其他国家的经验表明，例如，即使会使汽油价格翻倍的碳税政策，也会导致该国汽车的燃油效率比美国汽车高出一倍。在英国，高额的汽油税导致油价大约是美国的 2 倍，结果 2017 年在英国出售的新车的百公里油耗差不多为 5 升。

这意味着即使没有对二氧化碳税进行返还，在不降低自己预算的情况下，美国的汽车驾驶者们仍可以承受 2 倍于联合国政府间气候变化专门委员会提议的税率。例如，每吨 270 美元的二氧化碳税将使每加仑油价上涨不到 2.5 美元。一个家庭可以把老旧的大切诺基吉普（每升跑 7 公里）更换成新款大众汽车（每升跑 12 公里）。大众汽车不仅驾驶性能更优，而且几乎具有相同的货箱空间。这样，即使油价大幅提高，家庭用车成本仍然与过去大致相同。随着更高的油价推动制造商开发更节能的车型，即使联合国政府间气候变化专门委员会要求二氧化碳税不断上涨，用车成本也将在未来几年中保持稳定。虽然欧洲国家的油价已经是美国的两倍多，但是欧洲人在汽油上的支出通常比美国人要少，并且没有证据表明他们不喜欢开车。

对于我们无法承担高额的二氧化碳税的反对意见，事实上已经被极端天气带来的高昂成本所反驳。因此，准确地说，二氧化碳税的净成本应该减去因实施二氧化碳税而使气候灾害减少所带来的收益。

其他批评者认为，二氧化碳税会减少就业机会。但是，如果我们现在宣布在未来若干年当中逐步实施这项税收，那么这个计划的即期效应将是大量新的就业机会被创造出来。其原因在于，即将实施的二氧化碳税会使得许多现在仍在使用传统能源的工艺流程变得过时，而这将有效推动企业立刻动用大量的储备资金去开发更高效更环保的生产流程。即使在二氧化碳税缺位的情况下，近年来可再生行业新增加的就业机会也远高于化石能源行业的失业数量。

还有一些批评者承认，二氧化碳税也许在理论上是个好主意，但他们继续辩驳说，这仍然是无意义的，因为没有任何单个国家能解决全球变暖的问题。的确，解决这个问题的有效方法需要所有国家的一致行动，但在当下，妨碍这种集体行动最大的障碍之一是美国毫不妥协的立场。如果美国和欧洲都采用高二氧化碳税率，由于受到来自未执行二氧化碳税的国家进口商品的边境调节税的威胁，国家之间就能达成更广泛的合作。其他国家迫切希望进入美国和欧洲市场，这给了我们施加真正影响力的机会。国际贸易组织已表示，如果出口国未能执行二氧化碳税，他们愿意根据其二氧化碳排放量对进口商品征税。

第8章 创造更具鼓励性的环境

UNDER THE INFLUENCE
解码行为传染

再强调一次,如果一个拟议中的政策变化是有效的,那么原则上它能确保每个受它影响的人最终都能获益。从定义上来说,一个有效的政策就是那种实施后的整体好处大于其弊端的政策。采纳这种政策所获得的收益必然足以转移支付给那些净损失者。卡恩每月为电话用户提供的30美分信用额度就是这种转移支付在号码查询服务领域的一个例子。

然而,政治家们一直未能解决实施庇古税所必然引发的分配性异议。例如,法国总统马克龙本可以轻松避免因该国最近加征燃油税引发的"黄背心"运动。相比于高收入人群,中低收入人群住在更小的房子里,开着更小且省油的汽车,而且他们很少坐飞机去远方旅行。如图8-1所示,世界上最富有的10%的人口产生的二氧化碳排放量占全部碳排放量的一半以上。因此,大部分按碳排放量征收的税金应该由该国最富有的人群承担。更重要的是,马克龙没有强调征收燃油税并非为了获得更多的财政收入,而是为了减少污染排放,这使得他错过了一个被正确解读的机会。一个简化版的中性二氧化碳碳税可以把征收到的全部收入一次性等额分配给所有纳税人,那些碳足迹低于平均水平的人可以获得的退税比他们支付的税额要多。

行为传染效应　UNDER THE INFLUENCE

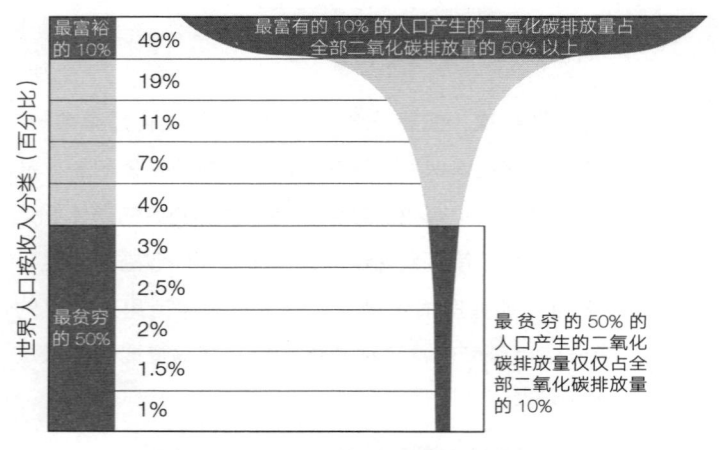

世界人口按收入分类（百分比）		
最富裕的 10%	49%	最富有的 10% 的人口产生的二氧化碳排放量占全部二氧化碳排放量的 50% 以上
	19%	
	11%	
	7%	
	4%	
	3%	
	2.5%	
最贫穷的 50%	2%	最贫穷的 50% 的人口产生的二氧化碳排放量仅仅占全部二氧化碳排放量的 10%
	1.5%	
	1%	

图 8-1　世界人口的二氧化碳排放量占比

如果马克龙一开始就清晰地说明，法国政府将会以等额现金的方式把从燃油税征收到的所有税金返还给每个家庭，那些中低收入家庭立即就会明白他们支付的燃油税金额会大大低于他们将来收到的返还金额，这会使得他们成为此项政策的净受益者，这些收入在过去数十年都徘徊不前的家庭就没有理由反对二氧化碳税上调了。甚至，更准确地说，收入中性税为这些家庭收入停滞的问题提供了部分解决方案。

当然，总的来说，那些收入最高的人会支付更高的收入中性税，但在合理需求的范围内，他们仍然可以负担得起他们的消费。正如我们将在本书第 9 章看到的，因为税收不会

第 8 章　创造更具鼓励性的环境

影响他们的相对购买力，他们购买生活必需品之外的其他商品和服务的能力并不会受到大幅影响。虽然政府把税收用于其他地方了，但他们减少碳排放的动力依然不会受到影响。

但是，马克龙并没有用这种方式描述他的方案，反对者的激烈抗议预示着全球气候治理问题的努力的重大挫败。在法国取消燃油税之后，《纽约时报》在评论页的显著位置上发表了一篇文章，标题是《现在忘记二氧化碳税吧》(Forget the Carbon Tax for Now)。

然而，忘记二氧化碳税意味着放弃所有遏制气候变化所需的减排目标。的确，当大多数选民听到"二氧化碳税"这个词时，他们就会认为这个政策会让他们变穷，但是这与其说是放弃二氧化碳税的一个理由，毋宁说是一个可以解决的沟通问题。政客需要做的是，用平实的语言解释清楚为什么一个严格的二氧化碳税会有利于我们每个人的生活。

这个解释并不复杂。亿万富翁汤姆·斯泰尔（Tom Steyer）的 NextGen 基金既然可以花费巨资支持减少温室气体排放的措施，为什么不能赞助一个可以解释清楚收入中性的二氧化碳税会产生良性的收入分配效应的广告宣传活动呢？

无疑，普及二氧化碳税将是一项艰巨的任务。例如，在

237

石油行业投入巨额资金反对二氧化碳税的情况下，即使具有强烈环保意识的华盛顿州选民也在 2018 年否决了征收二氧化碳税的提案。不过我们仍有些许希望。2019 年春天，加拿大又有 4 个省计划到 2022 年底把二氧化碳税由最初的每吨 15 美元提高到每吨 37.5 美元。全球超过 40 个国家和美国的 9 个州政府已经开始对二氧化碳征收某种费用。

事实上，庇古税是少数几个在认真研究公共政策的学者们中间不会因传统党派政治倾向不同而产生分歧的问题之一。比如，保守派、哈佛大学经济学家、曾在小布什总统任期内担任经济顾问委员会主席的曼昆，受到对庇古税的热情的启发，于 2006 年成立了庇古俱乐部。现在这个俱乐部的成员包括众多经济学家、政治家、权威专家和其他领域人士，而且这些人的政治立场实际上是各不相同的。

在政治狂热的美国，要找到一个比庇古俱乐部成员们的观点更具广泛视角的组织是很难的。有人能找到一个成员同时包括自由派经济学家保罗·克鲁格曼（Paul Krugman）和保守派经济学家格罗弗·诺奎斯特（Grover Norquist）的组织吗？庇古税是遏制环境污染最高效和最公平的方法，俱乐部成员声称，他们的加入就是对庇古观点的公开支持。

俱乐部成员并没有被问及，他们是否把税收视为抑制行为外部性的首选方式。但是，无论从哪方面来说，对行为外部性征税的例子与庇古对排污税如此有说服力的证据都是一致的。

采用累进消费税抑制支出瀑布

我们曾在本书第 5 章提到，政府监管就是数据。通过观察不同国家采用的不同模式的法规、政策和社会规范，我们可以清楚了解到人们重视哪些事情。如果行为外部性像环境外部性一样会导致效率低下，那么我们预测会看到大量抑制行为外部性的措施，即使没有人公开地使用行为外部性这样的术语来描述这些措施。事实上，世界各国的税收和监管模式为前述预测提供了强有力的支持。例如，大多数国家都对酒精和烟草征收重税，而行为传染对这两种商品的消费都具有重大影响；大多数国家也都实施了区划法，这些法律会对企业竖立的广告牌的尺寸和其他特征进行限制。

然而，迄今为止，行为外部性造成的浪费远远超过了环境外部性。在这方面，人们也一直在为消除浪费型的支出而努力，例如推行禁奢法等。

早在公元前，罗马法律就试图限制在葬礼和陵墓上的支出，甚至规定火葬必须使用未加工过的木头而不是加工好的木材。中世纪欧洲的很多地区禁止穿着亚麻布和蕾丝面料的服装。

行为传染效应　UNDER THE INFLUENCE

就像那些针对二氧化碳排放的禁止性法规一样，这些措施以无效而闻名。如果人们喜欢的消费方式被禁止，他们很快就会找到有效的替代方式，正如我在早期作品中写到的人们应对禁奢法的历史那样：

> 禁止穿亚麻布和蕾丝面料的服装，会导致人们花尽心思通过昂贵的纽扣来显示自己的社会地位。到14世纪，欧洲人民都把戴纽扣视为"从肘部到腕部以及自领口到腰部的连接饰品"。金、银和象牙纽扣很快就成了财富和地位的象征，一些地区不得不进一步规定限制纽扣的使用……在日本江户时代（1603—1868年），越来越富裕的商人阶层"被禁奢法禁止穿戴珠宝和某些特定的服装，也不允许拥有某些精致的传统艺术品，这些物品只有武士及以上阶层的人才可以拥有"。作为回应，商人阶层只好发展自己的艺术形式，其中包括被称为"根付"①的精致的微型雕塑，基本上没有法律限制一个人在更精致的"根付"上花费多少。在中世纪的佛罗伦萨，有一项禁奢法限制晚上正餐菜品的数量。这项法律迅速激发出用油酥面团包裹的肉和通心粉做成的大蛋糕以及许多其他形式的、精心制作

---

① 又作"根附"，流行于日本江户时代，形似现在的吊坠，是卡在和服与腰带之间的一个固定物，上有绳孔，可用来拴住烟袋、钱夹等物品。——编者注

的"一道菜"晚餐，而这种晚餐根本不会比被它们取代的"多道菜"晚餐省时省钱。

与试图通过禁止购买特定奢侈品的方式来阻止浪费的禁奢法比较，对这些物品征税的方式具有一些潜在的优势：第一，由此获得的税收可以用于弥补因减免对有益于社会的活动征税而减少的收入；第二，对奢侈品征税也比简单粗暴的完全禁止具有更低的强制性，因为那些能够从这些产品中获得最大价值的人仍然具有继续购买的权利。

不过，从实际情况来看，对于特定奢侈品的税收也像禁奢法一样遭遇了挫败。来看一个在美国发生的例子。美国国会于1991年通过了一项法律，对汽车（3万美元）、船只（10万美元）、飞机（25万美元）、皮草和珠宝（1万美元）等特定门槛以上的支出征收10%的税款。在这个例子里，因为仅仅对部分品类的商品征税，所以买家很容易找到替代品。比如，从海外购买的游艇是免税的，重新翻修的二手游艇也是免税的，很多豪车买主转而购买不需要额外缴税的豪华版SUV。

在这项法案实施后的18个月里，美国政府从中获得的税收总额不到1 300万美元。这一金额在当时甚至不足以支持农业部3个小时的运营。这项新税的实施导致的后果之一，是它造成了大量的美国造船厂、皮草商、珠宝商和私人飞机制造商的破产和亏损。1993年，这项法案被断然废止了。

UNDER THE INFLUENCE
解码行为传染

理论上，能减轻不同消费方式相互抵消效应的理想路径，是根据每种商品的"位置性"按比例征税。大家应该还记得，一种商品对于消费者的价值越取决于这个消费者相对于其他消费者在该商品上花费的金额，该商品就具有越高的"位置性"。不过，从实际情况来看，每年在市场上交易的商品和服务高达上千万种，我们缺乏关于所有这些商品和服务"位置性"的精细指标，因此无法做到以理想的方式征收"位置性"消费税。

但是，经济学家欧文·费雪（Irving Fisher）和他的兄弟赫伯特（Herbert）在1942年出版的一本书里就指出，小幅调整当前的税收系统，就可以创建出一个接近理想状态下的"位置性"消费税。他们的建议是，用一个更大幅度的、基于每个家庭每年消费支出额的累进税来取代当前的消费税。这种描述可能会唤起一个颇令人沮丧的画面：每个家庭不得不核对数千份消费账单，并做成消费报告提交给税务局。但是，正如费雪曾指出的，一旦我们认识到一个家庭所有的收入都可以归纳成支出和储蓄两种类型，那么前述步骤就完全没有必要了。因此，要计算一个家庭的全部消费，

第 8 章 创造更具鼓励性的环境

我们只需要两个数据就够了：每年的收入和每年新增的储蓄额。

美国家庭已经在向税务局报告收入，并且许多家庭根据 401（K）计划和类似的免税退休储蓄金计划的要求，同时也在报告他们的储蓄额。有了这两个数据后，一个家庭的全部应税消费额就可以用收入减去储蓄额，再减去一个大的标准扣减项（如每人 1 万美元），作为对低收入家庭呈现出的储蓄速度比其他家庭慢的趋势的平衡。

应税消费的边际税率应该从低点开始，以确保中低收入家庭的税款与当前相同或更低。随着应税消费的增加，税率会逐渐上升。在当前的所得税制下，经济学家警告说，切勿让最高税率增长过快，以避免储蓄和投资的动力下滑。相比之下，在累进消费税制度下，这种担心则是多余的：更高的高收入区间消费税率实际上会增强储蓄和投资的意愿。

例如，假设每年的应税消费金额至少为 100 万美元的家庭的最高边际税率增长到 100%，也就是说，消费金额超过 100 万美元以后，每多花 1 美元，这个家庭的应纳税额就增加 1 美元。如果一个富裕家庭考虑以 100 万美元的成本扩建其宅邸，在累进消费税制度下，这一扩建最终将需要 200 万美元：100 万美元用于扩建本身，另外 100 万美元将用来支付额外的税金。

当成本变高后，即使最富有的消费者们也会建造小房子。例如，在全美房价最贵的曼哈顿，许多亿万富翁会满足于住在460平方米的公寓里，而在房价便宜的地区，很多人却会选择比这大2倍以上的房子。

这里其实隐含着一个暗示：累进消费税制度可以凭空创造出大量的免费资金。一旦房子超过一定大小，就没有证据表明进一步全面增加房子面积会使得业主们的幸福感也得到显著的提升。恰恰相反，当大家都建造大房子时，因管理一个更大的房子而增加的麻烦，意味着富人们也许会不如以前开心了。通过放缓在高端消费上的增速，累进消费税将不需要富裕消费者们做出实质的牺牲，但它却可以在许多可察觉的方面，释放出可以提升每个人生活品质的资源。

例如，额外的税收可以用于改善基础设施，这将造福于各个收入水平的家庭。而且，因为税收会降低高收入者的支出增速，它也会减缓支出瀑布的效应，使低端收入阶层的家庭得以实现收支平衡。

经济学家劳伦斯·塞德曼（Laurence Seidman）曾经建议逐步推行累进消费税制度，从年申报收入高于100万美元的家庭开始，针对他们的应税消费征收累进消费附加税。低于这一收入水平的家庭只需缴纳基于当前所得税制度所对应的税额。那些收入高于100万美元的家庭将报告他们的年储蓄额,然后根据他们的收入和储蓄的差额缴纳附加税。随着政策制定者不断从对这种累进消费附加税的反馈中获得经验,他们就可以调节税率,应税家庭年收入的门槛也会逐渐降低,这样新的赋税就会逐步地取代所得税。

这种逐步推行累进消费税制度的初始效果将是高端消费增速的小幅下降和储蓄率的相应提升。接下来,更高的储蓄率反过来将促进更多的投资,因为资本市场将额外资金引导到最有前途的新项目中。额外的投资将进一步促进生产率的增长。总消费支出一开始将基本保持不变,就业总量的水平也是如此。

随着累进消费税逐步取代所得税,个人消费在国民收入中的占比会逐渐下降,同时私人投资和公共投资的占比也将上升。但是,因为更多的投资将推动国民收入增长,所以在累进消费税制度下的绝对消费水平最终将超过所得税制度下的水平。因此,转向累进消费税制度将是一个无论从个人还是从公共层面都能给每个人带来好处的政策变化。

大多数美国人其实已经生活在一个几乎与累进消费税无区别的税收体制中,只是很多人都没有意识到这一点而已。基金加入像 IRAs 和 401(K)这样的退休储蓄工具账户后[比如,2019 年 401(K)计划年度最高免税额达 19 000 美元],会获得一些抵税的扣减项,这些"大多数美国人"指的就是那些尚未充分利用这种扣减项优势的纳税人。因此，对于大多数美国人而言，在目前的所得税制度下，他们"少消费多储蓄"的动力与在累进消费税制度下是没有多少差别的。

但是，这里有一个重要的限定性前提。大多数高收入纳税人的储蓄额已经远远超过了当前退休储蓄计划所能允许的最高免税额度，而且正是这些高收入群体引发了让中低收入家庭陷入更加困难境地的支出瀑布效应。因此，如果要释放累进消费税中内在的生财能力，那么采用更高的高收入区间边际税率并取消储蓄抵税扣减限额是两个关键步骤。在无需任何人做出痛苦牺牲的情况下，那些原本浪费在无意义的位置性军备竞赛中的资源，可以真正地被用于有价值的私人和公共投资。

一般而言，高收入家庭可以比其他家庭更好地利用储蓄抵税的机会，而且更高的高收入区间边际税率会给他们更多的动力去利用这个机会。虽然长期来看，用累进消费税取代所得税会有助于减少消费不平等现象，但这也很可能加大贫富差距。因为在累进消费税制度下，富人们去世之前会倾向于购置大房子，而不是将积蓄用光，所以保留健全的遗产税也是很重要的。

这是采纳累进消费税的一个特有现象，而不是缺陷。政府最近取消遗产税的尝试其实被严重误导了，这种税其

第 8 章 创造更具鼓励性的环境

实是最公平有效地支付高质量公共服务的方法之一。本质上，它的运作机制类似于律师的风险费用合同。

这种合同使得那些无力提前支付诉讼费用的人得以获得法律系统的服务。例如，一位相信某个伤害索赔案件值得参与的律师，可能会同意按照风险费用的方式来代理客户的案件：如果败诉，客户不支付任何费用；如果胜诉，律师可以按判决赔偿的一定比例收取费用，通常这个比例为 30% 或者 40%。从功能的角度来说，遗产税与其异曲同工。

年轻人通常不知道自己是否会在一生结束时变得富有，尽管很有可能大多数人终其一生都不会变得富有。通过他们在职业生涯开始阶段支持遗产税，他们就能在有生之年享受到因遗产税带来的财政收入而获得高质量的公共服务。实际上，他们或者他们的后代之中几乎没有人会支付哪怕一分钱的遗产税。而那一小部分触发了遗产税的"幸运儿"，也没有什么好抱怨的，就像胜诉后面对律师的风险费用账单的原告一样。

这个富裕小群体中最深思熟虑的成员，对极其丰厚的遗产给他们孩子带来的危害也是非常清楚的。通常而言，我们都必须在付出一系列艰苦的工作之后才能拥有一个成功的职业生涯，而那些预计在 25 岁的年纪就可以继承大笔信托资产的年轻人，往往缺乏行动力和自控力。

目前，美国的法律规定每个人继承 1 140 万美元以下的遗产都免税，这其实是试图寻求一个折中的方案。在这么高的纳税起征点下，遗产税是伤害不到那些勤俭节约且希望能够为子女未来的成功提供机会的父母的。因此，如果我们采用累进消费税，那么至少保持目前遗产税的版本不变是一个重要优先事项。

默认选项与助推

许多行为经济学家都睿智地意识到，选民可能永远都不会支持庇古税这种"解药"，所以这个领域的专家学者就转而聚焦于能提高人们选择的质量的"非税政策操纵"。经济学家理查德·塞勒（Richard Thaler）和法学家卡斯·森斯坦（Cass Sunstein）创造了"选择构架"这一术语，用来描述那种通过改变选项的呈现方式来影响人们选择的行为。

例如，战术性地运用"默认选项"，在许多情况下都被证明卓有成效。因为人们总是储蓄不足，所以他们在退休时的资产常常甚至不足以维持他们退休前一半的生活水平。工资储蓄计划的低参与率，是其中的一个原因。

行为传染实验室

雇主要求工人们签署参与工资储蓄计划，曾经是一种普遍的做法。在这种情况下，参与率常常是 50% 或更低。但是，在经济学家布里吉

第 8 章　创造更具鼓励性的环境

特·马德里恩（Brigitte Madrian）和丹尼斯·谢伊（Dennis Shea）进行的一项非常有影响力的实验里，一家大型企业的雇主把"参与工资储蓄计划"设为默认选项，因此，除非雇员主动地勾选不参与的选项，否则他们都会自动登记加入。在这种设置下，新雇员的参与率冲上了86%的高位。

在许多其他领域，默认选项也同样可以鼓励人们做出更好的决策。虽然大多数人都觉得器官捐赠是件好事，但是当需要他们主动选择成为志愿者时，却很少有人主动勾选这个选项。不过，当把器官捐赠设置成默认选项时，即便他们可以很轻易地填表选择不这么做，大多数人都会愿意保留这一选项。这种变化看似简单，却常常会产生出乎意料的大效果。例如，酒吧中啤酒默认规格的减少已被证明能减少饮酒后发生事故的概率。

行为科学家的研究也表明，直接参考同侪行为是影响人们选择的最有效方式之一，这也是本书中心论点的一个重要前提。通过分析酒店失败的信息发送策略，心理学家罗伯特·西奥迪尼和他的合作者提出了前述观点。

为了节约能源，很多酒店都鼓励客人重复使用浴室毛巾，一个普遍的做法是在浴室里放置一张信息卡，上面写着"请帮助保护环境：入住期间，您可以通过重复使用酒店毛巾的方式，表达您对大自然的尊重并帮助保护环境"。但是，看到这张信息卡的客人中仅有38%的人会重复使用酒店毛巾。

另一些试图在客人心中唤起一种合作念头的酒店，则提出会与环保团体分享因客人重复使用毛巾而节约的能源。这些酒店广泛地使用第二种信息卡："与我们一同保护环境：大自然值得我们共同努力，您可以通过在您居住期间重复使用酒店毛巾的方式参与我们这个项目。作为对您参与该项目的回报，我们酒店将捐赠一部分节约下来的能源分给一个非营利性的环保组织。"这张信息卡的效果甚至更差，仅有36%的客人在看到后重复使用了酒店毛巾。

研究人员随后尝试了自己设计的一张信息卡，让客人可以意识到同伴的反应。卡片上面写着："诚邀您与其他客人一起来帮助保护环境：将近75%的受邀参与我们的新资源节约计划的客人，确实通过重复使用酒店毛巾提供了帮助。您可以加入他们的行列，在入住期间通过重复使用酒店毛巾来帮助保护环境。"在以上提到的三张信息卡片里，这张是最有效的：看到这张卡片的客人中，有48%的人重复使用了酒店毛巾。

第8章 创造更具鼓励性的环境

　　选择构架还能通过操纵选项出现的物理位置的方式来提高人们选择的质量。例如，塞勒和森斯坦就曾论证过，通过调整自助餐厅里食物的摆放位置，可以引导食客多选择那些更健康的食物。例如，把健康的菜品放于食品区靠前的位置和眼睛很容易看到的地方，食客就会更频繁地选择这些食物；使用聚光灯突出地照射健康的食物，或者把它们放置于人流量大的收银台附近，也会提高食客选择这些食物的可能性。如果把水果放进网篮而非不透明的桶里，食客选择这些水果的可能性就会更大。

　　基于选择架构的原理，塞勒和森斯坦发起的"助推运动"在全球取得了巨大成功。《经济学人》杂志在2017年刊登的一篇评论中描述了政策制定者是如何开始接受这一行为科学观点的：

> 　　2009年，时任美国总统奥巴马任命森斯坦为信息与监管事务办公室主任。次年，塞勒为英国政府提供咨询，并帮助建立了行为洞察小组（BIT），BIT很快被称为"助推部门"。如果BIT没有为政府节约10倍于其运营成本的资金，两年后它就会被解散。
> 　　结果，BIT不仅维持到现在，节省了约20倍于其运营成本的资金，而且还标志着一个全球趋势的开始。现在，多个国家的政府都转向"助推"，

以节省资金并且做得更好。2014年，白宫成立了社会与行为科学团队。同年，由英国亚伯大学的马克·怀特黑德（Mark Whitehead）撰写的一份报告就指出，有51个国家的"中央主导政策措施"受到了行为科学的影响。非营利性组织，如2008年在哈佛大学创立的智库Ideas42，在全球开展了数十个推动式试验和项目。2015年，世界银行创立了一个组织，该组织目前正在52个贫穷国家里应用行为科学的研究成果。联合国也正在采用助推手段，以帮助实现"可持续发展目标"，即联合国制定的2030年目标清单。

鉴于"助推"部门产生的惊人回报率，各国政府都有充分的理由继续扩大对它们的投资，然而除非我们能够发现让庇古税改革方案对于选民变得更有吸引力的方法，否则我们仍旧会丧失许多重大的政策机会。例如，援引一种社会规范，可以有效地促使酒店住客重复使用酒店的毛巾；把健康菜品放置于食客易于获取的地方，可以有效地吸引更多的食客选择它们。但是，当事情的重要性远高于酒店毛巾或者自助餐菜品这类事情的时候，我们往往需要更强大的激励措施。

正如我们在前文中讨论过的那样，科学家一致认同，在不对二氧化碳征收严格的庇古税的情况下，灾难性的气候变

第8章　创造更具鼓励性的环境

化对我们构成的威胁是无法消除的。同样地，我们很难想象仅凭一个简单的"助推"，就能劝阻父母们放弃竞价最好的学区房。过去在号召克制方面取得的成功经验表明，在这些极其重要的情形下，我们依然要把克制作为唯一可行的选项。例如，在我们规定企业只有在获得成本不菲的可交易许可证之后，才允许对外排放污染物的情况下，这些企业才会停止往大气中排放二氧化硫；只有工人们在退休前不再能提取原本用于社会保障的资金的时候，他们才会不得不在更好的学区房的竞价中降低出价。

一个令人鼓舞的迹象是，当政策制定者成功地实施了庇古税之后，社会很快就会认可其价值。例如，针对二氧化硫排放推出的限额交易系统，以及规模更小些的针对号码查询服务的收费制度，都是如此。

在斯德哥尔摩市2006年推出拥堵费之前，公众对这种收费的支持率一直徘徊在接近30%的水平。因此可以理解，当时官员们对于如何推进这项收费还是颇为谨慎的。但是当确信该政策的可行性之后，他们先试验性地实施了这项收费政策。出乎那些反对者意料的是，这项措施取得了立竿见影的成功。

拥堵区域的车流量很快就下降了20%，这大大缩短了人们的出行时间，并显著改善了空气的质量。在为期 6 个月的试验结束时，超过 52% 的斯德哥尔摩市居民投票支持将这项费用永久化。5 年后，公众对这一制度的支持率几乎达到了 70%，即使在那些最直接地受到收费影响的汽车驾驶者中，对这个制度的支持率也在 50% 以上。

基于这一经验，斯德哥尔摩市交通局局长乔纳斯·伊莱亚森（Jonas Eliasson）敦促其他城市的领导者也大胆地推进。"你越接近开始实施的那一刻，就越能发现各种问题，"他补充说，"如果你能跨过这个政治上的死亡之谷……你获得的支持率就会再次增加。"

行为传染不仅会影响每一位公民的观点和选择，也会影响政府官员和立法者的观点和选择。经济学家建议用庇古税的方案来解决酸雨问题，但花了大约 30 年时间才说服美国国会议员采纳这些建议。不过，每一次尝试这个方案并取得成功之后，后面遇到的阻力就会小一些。

还有其他一些令人鼓舞的信号。例如，经过数十年的抵制，纽约市终于开始对那些在高峰时间进入第 16 街以南的曼哈顿区的小汽车和卡车收取拥堵费了。有证据表明，我们在本书第 2 章讨论过的个人级别的同侪影响在城市层面也同样重要。正在权衡是否收取拥堵费的其他拥堵城市的官员也在密切关注纽约市实施这项政策的效果。"纽约市对拥堵进

第 8 章　创造更具鼓励性的环境

行收费的政策是个改变游戏规则的重要事件。"俄勒冈州的一名交通官员特拉维斯·布劳沃（Travis Brouwer）在提到波特兰市正在考虑是否收取拥堵费时曾如是说。洛杉矶、旧金山、费城和西雅图也在考虑是否采纳拥堵收费制度，这些城市的官员也被认为是受到了纽约市实施这项措施的鼓舞。

尽管如此，近来一些事件发出的信号也让大家意识到，政治两极分化依然是推行庇古税的一大阻碍。在下一章，我会说明对税收的抵触情绪主要源于一种简单却非常强大的认知幻觉。

UNDER THE INFLUENCE

第 9 章
正确理解和运用"整体认知幻觉之母"

一个是开着价值33.3万美元的跑车
颠簸在泥泞小路上的司机,
另一个是开着价值15万美元的轿车
畅行在平坦公路上的司机,
谁会更开心?

———————
UNDER THE INFLUENCE

第9章　正确理解和运用"整体认知幻觉之母"

对于行为外部性而言，如果庇古税比其他替代性方案（如限制性法规或严格的禁令）侵入性更小、效率更高且更公平，那么为何立法者一直不愿采纳庇古税呢？

一个可能的原因是，政客的首要任务是再次赢得选举，因为担心激起选民的不满，所以他们不愿意用税收的方式来处理行为外部性的问题。

但是，很显然这又会引出另一个问题：如果税收具有如此大的优势，为什么它会激起选民的不满呢？在这个问题上，我认为选民，尤其是那些富裕的选民，通常都会受到我所称的"整体认知幻觉之母"的困扰：他们相信被要求缴纳高额税款之后，要购买自己想要的商品就会变得困难重重。就像很多虚幻的想法都会让人信以为真一样，很多人都会认为这种"整体认知幻觉之母"的真实性是不言自明的。然而，接下来我将说明，它其实是完全没有道理的。

当然，虽然许多富裕的选民愿意缴纳更高的税，以支持公共的利益，但是这不意味着他们把缴税视为一件乐事。不过，对于他们中的大多数人来说，这些额外的公共投资所带来的心理价值，超出了他们所以为的因可支配收入减少而导致的不情愿。

然而，更多的富裕的选民得出了相反的结论：他们认为额外的公共投资所带来的好处不足以弥补个人的牺牲。因此，他们会动用自己掌握的所有强大的杠杆来抵制加税。

无论他们对于税收政策持有何种立场，大多数富裕的选民都相信更高的税负将导致个人消费支出的减少。

我之所以把这种看法称为"整体认知幻觉之母"，是因为它所造成的危害超过了行为科学家发现的所有其他幻觉。而且，与它将来可能造成的其他危害相比，它目前带来的危害只是九牛一毛。

一个好消息是，产生这种幻觉的认知过程是相对简单的。一个普通的中学生就可以轻松地理解其底层逻辑。而任

第9章　正确理解和运用"整体认知幻觉之母"

何人一旦掌握了底层逻辑，对他而言这个幻觉就不再具有破坏性的力量了。

在我努力描述导致整体认知幻觉之母的具体心理启发式或经验法则之前，我们有必要从一些与认知幻觉有关的日常观察开始谈起。

无可辩驳的"事实"也可能是错觉

生活是复杂的。我们每天都被大量的信息轰炸，这种信息量远超我们大脑的处理能力。为了应对这一状况，我们的神经系统采用了各种启发法则。正如我们在本书第1章提到的，这些实践法则常常在意识之外的层面运行，且在一般情况下运转良好。但是由于重要的设计局限，它们是不完美的。

在图9-1中，哪个方块看上去更暗，A还是B？如果你认为A看上去更暗，那么你的眼睛和大脑功能是正常的。但是在这个例子里，你的判断却是错误的。在我们所说的"棋盘阴影错觉"中，A与B的灰度是完全相同的。你再仔细瞧瞧这张图，如果你的大脑与我的一样，它应该会告诉你："这不可能是真的！"但是，它恰恰就是真的。

行为传染效应　UNDER THE INFLUENCE

图 9-1　棋盘阴影错觉

资料来源：爱德华·阿德尔森（Edward H. Adelson），麻省理工学院。

心理学家理查德·怀斯曼（Richard Wiseman）为此提供了如下解释：

> 你的眼睛看到两个灰度相同的正方形，但是你的大脑接着会想：等一等，如果阴影中的正方形反射了与阴影外部的正方形同等强度的光线，那么，B 的灰度实际上肯定比 A 要浅得多。结果，你的大脑就会修正对这个形象的认知，以便你能看到大脑认为真正存在的东西。

虽然上述解释听上去似乎有一些道理，但不足以说服所有的人。我们现在看一下图 9-2 中修正后的图像。可以注意到，A 和 B 之间已经完全没有灰度差异，并且它们之间加上了一个连接彼此的带状条。只有看到图 9-2，我才会考

第 9 章　正确理解和运用"整体认知幻觉之母"

虑 A 和 B 实际上可能具有相同的灰度。

图 9-2　棋盘阴影修正后的图像

资料来源：同图 9-1

正如"棋盘阴影错觉"戏剧性地展示出来的那样，一个听起来无可辩驳的陈述（A 比 B 要暗）实际上可能是错的。这个例子至少可以说明，对于高税收效果的显而易见式的信念至少存在错误的可能性。

在此，我将简单地描述一下我注意到"整体认知幻觉之母"的时间线，最初我也没有意识到这是个错觉。

1972 年秋天，我开始在康奈尔大学教授经济学。在那一年的早些时候，我从加利福尼亚大学伯克利分校获得了博士学位。

在这之前,我先后获得了数学学士学位和统计学硕士学位,这使我具备了运用正规的分析方法研究那个时代主流经济学的良好能力。

然而,我在康奈尔大学的经济学系遭遇了同事们对上述方法过度推崇的情况,这使得我放弃了这种方法。在伯克利分校,我和我同学都被鼓励优先使用任何一对行为模型中更简单的那个模型,前提是它们与观察到的数据一致。但在彼时康奈尔大学的经济学家们中,排序似乎是相反的:当他们考虑为某个人的特定行为建模时,他们的第一反应是想方设法使用更加正式和复杂的数学模型。

因此,1978年秋天我第一次休学术假时,我离开伊萨卡市去了华盛顿特区,这对于我而言,好比可以呼吸到新鲜空气。在那里,我担任民用航空委员会经济分析办公室主任一职。我所领导的经济学家很少关心数学形式主义。在职业生涯中,我第一次感到可以自由地开展自己对那些令人困惑的人类行为的非技术推测。

因为当时我不确定自己是否会回到康奈尔大学,于是我向大学申请把我在华盛顿的学术休假延长一年,并获得同意。然后,恰好在第二年,我注意到了"整体认知幻觉之母"的行为后果。

第9章　正确理解和运用"整体认知幻觉之母"

建筑行业的工人们不可避免地会遇到更高的收入和工作场所安全性二者不可兼得的问题，那么他们是如何在这两者之间进行权衡决策的呢？这种具体行为一度让我感到迷惑。我曾经在办公室附近买了一套房子，并雇用了4名装修工人来完成房屋改造和墙面及天花板的粉刷工作。当在人够不着的高区域工作时，他们并没有安装一个坚固的脚手架，而是把19升容量的密封剂桶按每3个一层的方式叠放在一起，再在每一层的上方放置一块厚木板。这种方式在大多数时候都行之有效，但每周总有那么几次这种结构会突然坍塌。虽然在整个装修期间没有发生过严重的伤害事件，但其中几名工人遭受了不同程度的割伤和撞伤。

每当看到这种受伤的事情发生，我都会问他们为什么不搭建脚手架。他们总是回答说，虽然脚手架是必要的，但它不仅成本昂贵，而且安装费时且不便移动。

他们实际上是在说，规范的脚手架的使用成本超过了他们心中赋予额外的安全保障的价值。因为理性的安全决策永远需要在相应的成本和收益之间进行权衡，所以他们的回答并没有任何逻辑上的不合理之处。额外的安全保障是昂贵的，并且无论花费多少，都不可能完全消除风险。明智的决策原则是：持续对安全进行投资，直到从进一步的风险下降中获得的好处对应的价值，低于把同样金额的钱用于其他地方可以获得的回报。至于这个转折点会在什么时候发生，这取决于决策者的收入和消费偏好,那些富有且性格谨慎的人通常在安全方面投入更多。那些居住于或者经常旅行到贫穷国家的人都知道,收入低的人常常不惜为微薄的额外收入铤而走险。

不过让我感到迷惑不解的是,为我房子装修的这几个工人显然并不属于穷人,却甘于冒这种原本花点小钱就可以避免的风险。他们每个人都开着几乎全新的货车来到我的新房所在地,这些车都贴着厚厚的墙毯,还安装了昂贵的新款音响系统。我曾经问他们:"开一辆八成新的二手车,然后用节省下来的钱去买个脚手架,这样不是更好吗?"他们的回答永远是:"我们根本不可能考虑开一辆二手货车。"

为什么不能接受八成新的二手车呢?当时,我清楚地意识到,每个工人都会觉得八成新的二手车完全够用,但前提是其他同事也在开同样的车。如果大多数同事都继续开新车,他们的二手车就会相形见绌。这种观察也构成了我在本书第 5 章勾勒的位置性军备竞赛的叙述。根据这个叙述,个人决策会导致对非位置性商品(比如安全)投入的减少。这种叙述的另一个推论是,在位置性商品上相互抵消的支出,单单在美国就造成了超过 2 万亿美元的浪费。

当时,我把这种现象视为一个简单的集体行动问题。因为过了某个临界点之后,从额外消费某种商品中获得的满足

第9章　正确理解和运用"整体认知幻觉之母"

感几乎完全取决于环境，没有任何个人能够通过单方面地减少对于位置性商品的支出来减少浪费。要取得效果，所有人都需要齐心协力地行动。

虽然我继续认为这是对问题的准确描述，但我应该对自己没有提出一个明显的后续问题而感到更加担忧：如果富裕的选民减少在位置性商品上的支出，并生活在资助更慷慨的公共部门的环境中，那么他们为什么不干脆就选那些可以给他们期望的结果的候选人呢？那时候我没搞明白，但我现在找到答案了：富裕的选民都受到了我所说的"整体认知幻觉之母"的困扰。

1980年秋天，在华盛顿特区工作两年之后，我恢复了在康奈尔大学的教学工作。在回归校园后不久，我遇上了从1979年起就在康奈尔大学商学院教授经济学的理查德·塞勒。在接下来的数年期间，他和我经常就我们所观察到的人类行为如何常常呈现与传统经济学理论的预测不一致的情况，进行长时间的交流。

塞勒在他最近的第一次学术休假期间曾与以色列的心理学家丹尼尔·卡尼曼（Daniel Kahneman）[①]、阿莫斯·特

[①] 诺贝尔经济学奖得主，被称为"行为经济学之父"，其经典著作《噪声》中文简体字版已由湛庐引进、浙江教育出版社于2021年出版。——编者注

韦尔斯基（Amos Tversky）一道工作。这两位学者的研究领域极具开拓性。塞勒发表于1980年的论文《消费者选择的积极理论》(*Toward a Positive Theory of Consumer Choice*)，就借鉴了他们的研究成果。这篇论文被公认为开启了行为经济学革命。2017年10月，塞勒被授予了诺贝尔经济学奖，这是对他作为这个充满活力的新领域的奠基人的认可。

塞勒于20世纪80年代中期发起的康奈尔大学行为经济学和决策研究研讨会，迄今仍是这个由他一手创立的领域中历史最悠久且最具知名度的教师研究论坛。康奈尔大学是世界行为经济学家年度大会的三所大学主办方之一，其他两所大学分别是耶鲁大学和加利福尼亚大学伯克利分校。可以说，康奈尔大学是行为经济学的发源地。

有悔恨地偏离理性选择与无遗憾地偏离理性选择

1983年，我开设了第一门行为经济学的本科课程，名称为"理性选择的偏离"。鉴于我计划讨论的大部分内容都与经济学家偏爱的传统理性选择模型有所偏离，所以这个名字还是很合适的。（然而，后来因为这个名称引发了很多关于理性意义的无果争论，我最终感到有些后悔。）

当时，行为经济学课程还没有标准的教学大纲，经过大

第9章 正确理解和运用"整体认知幻觉之母"

量的思考和咨询,最后我采用的大纲有两个标题:A. 有悔恨地偏离理性选择;B. 无遗憾地偏离理性选择。

有悔恨地偏离理性选择

这个标题覆盖的内容聚焦于那些受到认知偏差驱使的行为的例子。举个例子,理性选择理论通常会建议我们,当决定是否采取某个行动时,我们只需考虑与这个行动相关联的、当前和未来的成本和收益即可,这意味着我们应该忽略沉没成本,即那种已经实际产生且无论如何都无法补偿回来的成本。

例如,在一个比萨饼自助餐厅中决定吃多少片比萨饼时,固定的餐费已经无关紧要了,因为不管你吃多少片比萨饼,餐费都是一样的。然而,付费的人往往会比其他免费享用午餐的人吃得更多,这其实就是因为付费客户受到了沉没成本的影响的缘故。

当人们明白了理性的决策不需要考虑沉没成本的道理时,大多数人似乎会为不理性的行为感到后悔并且愿意做出改变。

无遗憾地偏离理性选择

这个标题包括的内容主要关注集体行动问题的例子,即

269

从个体的角度而言是理性的,但从集体的角度来说却是非理性的行为。例如,当剧场里的所有人都为了看得更清楚而站起身来时,实际上不会有任何人会比在所有人都舒服地坐着的时候看得更清楚。从集体的角度来说,站起来是不理性的,但从个体的角度而言,站起来却是有道理的。

在这种情况下,人们通常不会因为站起来而后悔,因为如果不站起来,就什么都看不到。

但在我确定好教学大纲之后的数十年间,行为经济学并没有沿着我的大纲勾勒的路径发展,而是几乎全部聚焦于这个大纲第一个标题项下的行为:有悔恨地偏离理性选择。

这些关于认知偏差的研究对政策制定者产生了巨大的影响。例如,正如我们在前文提到过的,很多国家的政府在这一研究的启发下纷纷设立了行为科学咨询小组(通常被称为"助推小组"),以帮助市民们做出更好的决策。

相比之下,在"无遗憾地偏离理性选择"这一标题下的研究工作就非常有限,以至于今天为行为经济学课程编写教学大纲的教师可能会对我在20世纪80年代早期的大纲中的这个标题感到困惑。

然而,我仍然相信,无遗憾的偏离范畴下的经济损失比

第9章　正确理解和运用"整体认知幻觉之母"

有悔恨的偏离范畴下的损失要大几个数量级。前者导致的损失主要源于本书第5章讨论的浪费性消费模式，还包括许多其他与行为传染相关的例子所带来的损失。

无遗憾的偏离所造成的经济损失不仅金额巨大，而且难以弥补。这是因为由认知偏差导致的经济损失可以通过单方面的个人行动来弥补。例如，一旦某个人认识到决策时把沉没成本考虑进来是错误的，他以后就能凭借自己的判断无视这种沉没成本，从而不需要依靠与别人的协作就能达到这个效果。

集体行动问题则是另一回事。例如，父母们可能明白为抢购好的学区房而相互竞价只会推高学区房的价格，但这不会改变继续竞价对于单个家庭而言是理性的行为这一事实，因为不参与就意味着要送自己的孩子去质量较差的学校。只有当家长们找到一个方法集体采取行动，才有可能解决这种类型的问题，而有效的解决方案通常必须包含能改变人们的激励措施，这在本质上往往是个体无法单方面实施的。

如果行为经济学像我当初展望的那样沿着两个分支逐步发展，我可能不会怀疑我继续作为这个领域的一个研究成员的身份。但是，随着行为经济学家们越来越专注于认知偏差，我与他们的研究之间的交集越来越小，以至于时至今日，如果继续把我说成是研究这个领域的研究学者之一，已经让人感觉是一个具有误导性的说法了。

我本应该更早地清楚这一点。不过我现在总算明白了，解决我们面临的最重要的集体行动问题的最大障碍本身就是一种认知偏差。了解到这一点之后，我不再介意把自己定位成一个行为经济学家。正如一句土耳其谚语所说："如果高山不走向穆罕默德身边，那就让穆罕默德走向高山。"

我并不是说富裕的选民都是愚蠢的。他们中的大多数都深信高税收会使得他们难以负担自己想要的东西。要遇上一个不相信这一点的人，就像遇上一个在棋盘阴影错觉中认为方格 A 和方格 B 具有一样的灰度的人一样困难。然而，关于增加税收的实际效果的主流观点，其实都是错的。

我所谓的"整体认知幻觉之母"为前面我未能回答的问题提供了答案：如果富裕的选民在拥有更少的位置性商品和更多的公共投资品时会变得更开心，为什么他们不在选举中伺机而动呢？原因在于，幻觉让他们无法理解为何这种再分配是具有优势的。因此，这种幻觉也让政府无法征收到更多的税收，来应对我们面临的众多紧迫挑战，尤其是气候危机。但如果有足够多的人明白为什么更高的税收不需要自己做出痛苦的牺牲，那么针对这些挑战的解决方案就可能会取得突破性进展。

第 9 章　　正确理解和运用"整体认知幻觉之母"

在棋盘阴影错觉中，正常的大脑有充分的理由得出自信但错误的结论，一系列相似的看似合理的认知步骤，最终导致了"整体认知幻觉之母"。

当有人问"一个事件对我会有什么影响"时，我们很自然地会先回忆以前发生的相似事件的结果。例如，当家长试图在做是否带他们的孩子去迪斯尼乐园的决定时，他们也许会竭力回忆过去游览类似的主题乐园时的感受。在时尚行业，当高收入的人试图想象更高税收的影响的时候，这一反应便是调取过去在加税后的感受。

但这种策略在当今时代却不会奏效，因为大多数今天还活着的高收入人士都有着税率一直在稳定降低的经历。1966 年，当我从佐治亚理工学院毕业时，美国的最高边际税率为 70%。到了 1982 年，最高边际税率是 50%，如今仅为 37%。除了数次短暂而孤立的、几乎不为人注意的小幅上调，最高边际税率从第二次世界大战期间高峰值 92% 一直下降。其他国家也出现了类似的情况。

当 A 计划失败时，我们会执行 B 计划。因为承担了更高的税负，就意味着能花在其他事情上的钱少了。另一个可能合理的认知策略，是通过复盘以前导致人们的可支配收入减少的事件，来预估提高税收会产生的结果，例如偶然的生意失败、败诉、离婚、房屋失火，甚至是健康危机。很少有

行为传染效应　UNDER THE INFLUENCE

人能在一生中完全避开这类事件，它们有一个共同的特点：让人感到痛苦。

UNDER THE INFLUENCE
解码行为传染

更重要的是，此类事情还有第二种共性，而这种共性是加税事件所不具有的：它会在不影响其他人的情况下减少当事人的收入，而更高的税率则有恰恰相反的效果，它会同时减少所有人的收入。这个区别是理解"整体认知幻觉之母"的关键。

大多数富人都承认他们已经拥有了能满足合理需求的所有物品。如果一定要找出高税负对他们构成的威胁，那就是它会使得这些人难以购买满足基本生活需求以外的特殊商品。不过，"特殊"是一个不可避免的相对概念，意味着在某种程度上超越预期，并且毫无例外的是，凡是特殊的事物，其供应量都是有限的。例如，能看到中央公园全景的顶层公寓一定是很少的，一个富人为了拥有一套这样的公寓，他的出价就必须高于其他也想购买这套公寓的人的出价，这种竞价的结果几乎完全取决于相对购买力。因为当所有的富人都必须缴纳重税的时候，相对购买力几乎不会受到影响，所以同样的顶层公寓仍然掌握在同样的人群手中。

"对美国富人课以重税会使他们在与来自其他国家的寡

第9章 正确理解和运用"整体认知幻觉之母"

头竞购有纪念意义的地产的争夺中处于不利地位。"这种反对意见听起来似乎有些道理,但是这种不利的地位,其实很容易就可以通过对外籍买家征收购房税的方式来消除。

在此,我重申一下,当我们努力思考"税率提高到多少就会影响我们"这样的问题时,过去税率长期下降的历史使得我们难以找到加税的例子供我们参考。B计划是为了回想起我们收入下降的时期,但是大多数这种收入下降的情形都是那种"自己的收入降低的同时,其他人的收入却维持不变"的情形。当我们的相对收入减少了,我们就会感到痛苦,但是加税减少的是所有人的相对收入。

情绪和记忆是紧耦合的。一段经历越紧密地交织着强烈感情,我们记住它的可能性就越大。离婚、房屋失火、生意失败、健康危机等事件会引发人们的强烈情绪,因为这些事件会导致个人收入急剧下降。这些情绪赋予相关记忆三个特性:生动、痛苦和容易唤起。这些特性极大地加强了增税会造成伤害的错觉。

这种错觉会因为损失厌恶现象的存在而加剧。所谓损失厌恶现象,是指与同一量级的收益带来的愉悦相比较,人们对于同一量级的损失带来的痛苦的感受会更强烈。从心理学的角度来说,一个人想象中的、因失去自己已经拥有的物品后会出现的"亏损"大于他想象中的、自己可以从尚未实施

行为传染效应　UNDER THE INFLUENCE

的公共投资中获得的潜在"收益"。不过,鉴于人们在通常情况下适应亏损的速度,这种不对称性在政策决策中几乎没有太大的影响。

总的来说,人们相信更高的税负会让他们心生烦恼。然而,这是一种纯粹的认知错觉。并且,因为这种错觉会导致巨大的损失,我把它称为"整体认知幻觉之母"也毫不为过。

我在过去数十年教授经济学入门课程的过程中发现,重复是有效学习的关键。因此,让我用一个简单的思维实验来总结本章的核心观点。

行为传染实验室

假设有两个互相独立的世界,其中一个世界里富人的税负比另一个世界的要重。重税负世界的富人都购买价值15万美元的保时捷911 Turbos,低税负世界的富人首选的车则是价值33.3万美元的法拉利F12 Berlinettas。不过,因为即使是更便宜的保时捷也包含了所有能影响驾驶体验和性能的设计,所以这两款车的绝对差别并不大。在这两个世界里,富有的驾驶者都为拥有路上最好的车而感到自豪。现有的证据表明,即使这两个世界的所有其他特点都一模一样,要想发现生活在这两个世界里的富有的驾驶者在快乐程度上的差别也是很困难的。

第9章　正确理解和运用"整体认知幻觉之母"

当然，两个世界的所有其他特点不可能一模一样。即使这两个世界的政府都很铺张浪费，高税收世界多征收的税款中仍然至少会有一部分投入公共投资项目，包括更好的道路养护，所以我们真正需要提出的问题是：谁会更开心呢？是一个开着价值33.3万美元的法拉利跑车颠簸行驶在坑洼不平的道路上的司机，还是一个开着价值15万美元的保时捷畅行在状况良好的道路上的司机？

这是一个很容易回答的问题，如果在开着法拉利行驶在年久失修的路上和开着保时捷奔驰在平坦的道路上这两种体验之间进行选择，没有司机会更喜欢前者。

UNDER THE INFLUENCE
解码行为传染

"整体认知幻觉之母"意味着，在不需要任何人做出痛苦牺牲的情况下，整个社会都可以享受到额外公共投资的果实。你可能觉得这是一个很激进的说法，但事实就是如此。

只要基于一个简单的前提，我们就能理解这个观点的逻辑：只要过了某个财富临界点，在大多数个人消费品上全面增加开销的做法并没有实际意义，无非是在拉高人们对"足够"设定的标准。

在过去几十年对于人类利益决定因素的严谨的研究中，这个前提假设也许是争议最小的一个发现。那些坚持认为对富人课以重税必然会要求富人做出痛苦牺牲的人，面临着一个巨大的逻辑障碍：为了维护他们的立场，他们必须反驳一大堆仔细收集而来的合理证据。

虽然那些理解我们正面临着严峻挑战的人中，没有任何人否认我们必须立即行动，但是我们却一直没能够做到这一点。例如，美国的二氧化碳排放总量在 2018 年同比增加了 3.4%。

但是，越来越多关于行为传染的研究让我们有理由充满希望。这些丰富的研究成果显示出，我们距离巨变的可能比大多数人想象的还要近，迅速而广泛地让这个话题传播开来是重中之重。

那么，我们如何才能在这方面取得进展呢？这是下一章，即本书最后一章即将讨论的内容。

UNDER THE INFLUENCE

第 10 章
用高质量的提问促成持续有效的对话

为什么学者们提出了很多类似
"大量投资于可再生能源"这些令人信服的呼吁,
政府却迟迟无法立法落实?

UNDER THE INFLUENCE

第 10 章　用高质量的提问促成持续有效的对话

　　行为传染有害的一面会给社会造成空前巨大的损失，但由于人们对传染的逻辑知之甚少，所以我们在减少这种损失方面几乎没有取得任何进展，甚至常常没能意识到行为传染的存在。虽然从某种角度来说，这是很令人遗憾的事情，但从另外一个角度来说，这也是一个机遇。

　　坏消息是，因为我们没能找到有效方法来处理行为传染造成的问题，所以每年我们都在为此付出数万亿美元的代价；好消息是，改变造成这种损失的个人动机体系是相对容易的。我们可以大大增加我们的可支配资源，而这些资源可以用于解决我们面临的包括气候危机的威胁在内的紧迫问题，且无须任何人做出痛苦牺牲。我写这本书的最大希望，就是鼓励大家可以就如何增加资源投入这个项目开展讨论。

这个项目面临的巨大挑战是史无前例的，但是美国国会却花了好几十年的时间才采纳经济学家关于治理空气和水污染的建议。即使在学者们提出了"对富人课税"和"大量投资于可再生能源"这些令人信服的呼吁的情况下，美国国会的立法依然姗姗来迟，这意味着我们未能更迅速行动的原因并非政策方案存在缺点，而在于我们作为提议支持者自身的不足。要说服立法者去支持针对政策问题的创新解决方案，必然会遇到许多固有的困难。

但这并非意味着无法解决。研究沟通的学者就曾提出过能够在类似情形下取得成效的沟通策略。其中很多策略都指出，我们要做的不应该是去努力说服听众做某件事情，而应该展开能够让听众自己得出必须行动起来的结论的对话。

例如，心理治疗师报告称，告诉一位女性她正处于一段有虐待倾向的感情中，可能会激起她的逆反心理，从而增加她继续留在伴侣身边的可能性。显然，更有效的方式是直接请她描述自己的感情。作为回应，她的描述通常会令听者清楚地看到事情不对劲。

我们也可以回顾一下美国政府试图说服选民支持加大基础设施投资的政策的历史。

2012年的选举活动期间，奥巴马总统和当时

第10章 用高质量的提问促成持续有效的对话

的马萨诸塞州参议员候选人伊丽莎白·沃伦试图向那些成功的企业家说明加大基础设施投资力度的重要性。他们在演讲中"提醒"企业家们,因为他们通过用财政资金建造的道路把他们的货物运送到市场,雇用在公立学校培训出来的工人,受到社区支持的警察和消防员的保护,而且享受着我们自由市场制度带来的其他好处,所以他们应该承担投资义务,以便于下一代获得成功的机会。

然而,很多人却从中听到了不一样的信息。对他们而言,这些演讲似乎在说企业家们取得的成功并非他们自己的功劳,他们不配拥有崇高的社会地位。两个人的演讲很快就变成了"你没有承担……责任"的演讲。演讲的视频片段像病毒一样在互联网中迅速传播,引来了数百万条愤怒的评论。

如果我们不去"主动提醒"这些企业家们,说他们的成功部分原因来自外部因素,他们就会做出不一样的反应;如果我们只是问他们是否还记得那些帮助他们抵达事业高峰的外部力量,他们就似乎很享受思考这个问题,并且在讲述他们财运亨通的例子时,快乐之情经常会溢于言表。在这种交流之后,他们常常会主动地提出增加公共投资的建议,而那原本就是我们想要对他们提出的建议。

如果以冷静客观的评估政策为基准,关于减轻环境污染的政策讨论已经比预期的困难得多，而关于减轻行为外部性的政策讨论则更加困难。但是，因为从这种对话中可以获得巨大的潜在回报，所以我们有必要更认真地思考如何展开这类对话。

通过策略性的沟通创造更大的共识

我对于"对话方式会如何影响新思想的采纳"这一话题的兴趣，部分源自我在前几年与两位资深的大学管理者就学术政策进行的讨论之间的明显差异。这两位管理者的其中一位是我所在大学的校长，另一位是其中一所学院的院长。在我与他们分别就我支持的学术政策措施进行交流时，他们的决策中对我表示支持的内容占比差不多。不过，更多的情形是他们的决策与我的意见相左。让我惊讶的是，我对他们决策的反应，更大程度上取决于前期讨论的质量，而不是取决于他们是否支持我。

当第一位管理者做出不支持我的决定时，我对他的尊重依然没有减少。然而，每一次第二位管理者的决定，不管是正面的还是负面的，都会让我对他的看法变得更差。第一位管理者认真听取了我的观点，并清晰地表明他不仅理解我的观点，而且可以用一种能够让其他人认识到这些观点的力量的方式来重新加以表述。当我的表达不够清楚或者不完整的时候，他都会很快注意到，并提出富有洞察力的后续问题。

第 10 章　用高质量的提问促成持续有效的对话

当他对我的观点表示不支持时，通常他都能解释清楚为什么他觉得那么做对于保持大学朝着我看重的其他目标推进的能力至关重要。

我与第二位管理者对话的体验却截然不同。他并非一个专注的倾听者，我甚至无法回忆起他是否问过我任何一个与我的建议有关的问题，他也不曾表达过他理解我觉得这些建议有价值的原因。当他对我的观点表示不支持时，他几乎没有做出任何解释；而当他表示支持我的观点时，看起来似乎都是出于他自己的原因。

当时，我对自己对这两个人的反应产生了怀疑，是不是我完全被第一位管理者的魅力吸引住了呢？我对第二位管理者不好的印象，是不是仅仅因为他缺乏社交技能以至于我对他做出了太严苛的评判呢？但是，稍加思索就能打消我的这些疑虑。一个人真正的魅力来自情商，这不仅是一种关心别人的冲动，更是一种从他人的视角去看待这个世界的能力。因为这是我希望我的孩子们具备的特质，所以我欣赏第一位管理者身上的这些特点，并为第二位管理者缺乏这些特点而感到惋惜。

研究人类对话内容的学者很容易理解为何我对这两位管理者的反应如此大相径庭。该领域有一项一致的发现：提问是一个将对话向双方共同的目标推进的、独特而有力的工

285

具。大多数对话中都会出现不同形式的提问,但是,进一步的追问似乎更具有特别的力量。正如这一领域的领军人物艾莉森·伍德·布鲁克斯(Alison Wood Brooks)和莱斯利·约翰(Leslie John)所写:"追问向对话的另一方发出了你在倾听、关注和希望了解更多情况的信号。人们与擅长追问很多问题的人进行对话时,通常会觉得自己受到了尊重,并且自己的意思被对方理解了。"

人类对话研究者用的一个方法是访谈那些刚结束一场对话的人,比如工作面试、第一次约会或者工作会议等。这些刚结束对话的人常常会情不自禁地这么抱怨:"我希望他能够提更多的问题"或"我简直难以相信他居然没有问任何问题"。

有项研究曾分析过数千次对话,这些对话发生在那些希望在线上或者线下的15分钟"快速约会"的对话中努力互相了解的人当中。其中一些约会者事先被传授了至少9种约会中的提问方法,另一些人被告知在约会中不要问超过4个问题。结果在线上聊天约会活动中,那些问了更多问题的参与者更显著地获得了对方的喜爱,而且所有参与者都表示出了更愿意与问了更多问题的人进行第二次约会的兴趣。

第10章 用高质量的提问促成持续有效的对话

自苏格拉底时代以来,积极的提问一直就是西方哲学传统的核心要素。在东方哲学中,提问则有更早的起源。例如,印度教《奥义书》中就记载,学生要向智者提出6个问题。人们认为,对于提问能力的重视在东西方哲学中是独立发展演变而来的,并且正如一个研究人员所说的那样,"东西方哲学都通过高度的纪律和实践培养了这种能力"。

苏格拉底式提问长期以来一直是法学院的核心教学方法,并且在其他学科中也越来越受到重视。例如,高中生物老师吉纳特·布里尔(Ginat Brill)和阿纳特·亚德尼(Arnat Yardeni)进行过一项认真的研究就表明,指定研究论文可以激发学生采用一种更具"问题导向"的学习方法。两位老师这样写道:

> 提问是一项基本技能,是培养科学思维的必要条件。然而,我们在教授科学课程时,很少鼓励学生提问。为了让学生更加熟悉科学求知的流程,我们基于适合高中学生的研究论文,开发出了一门"发展生物学"课程。因为每一篇科学论文都会提出一个研究问题,接着会描述那些可以推导出答案的事项,然后再提出新的问题,所以我们努力审视了通过研究关于学生提问能力的论文来学习的效果。
>
> 在上课之前、期间和之后,学生都会被问到他

们对胚胎发育课程的哪些内容感兴趣。同时，我们会密切观察学生们在课堂上的提问。我们会从三个维度给这些问题评分：性质、比较和因果关系。我们发现，在通过研究论文的方式学习之前，学生们常常仅围绕性质这个维度进行发问。而在使用研究论文的方式进行授课期间和之后，学生们就会倾向于提出能反映出更高水平的思维和独特性的问题。我们并没有在使用教科书授课期间或之后观察到这种现象。

积极的对话有助于重大政策的推行

市场营销人员很早就清楚，相比表面上看起来包含更多信息的统计数据，人们的观念更容易受到个人经验和朋友经历的影响。因此，毋庸置疑，我认为关于提问的能力很重要的观点，也受到了我长期在课堂上使用这种方式教学的个人经验的影响。

我已经教授了40多年的经济学入门课程。在我开始教这门课程的前两年，我的授课方式与美国其他大学对这门课的传统授课方式并没有什么不同。就像布里尔和亚德尼提到的传统生物学课程一样，这门课程也几乎不鼓励任何提问。然而，一个全国性的研究显示，在学生学习经济学入门课程6个月后，老师通过测验来了解学生对于基本经济学原理的掌握程度,结果他们的成绩并没有明显好于那些从未上过这门课的学生的成绩。我从早期的教学经验里也找不到我的学生表现得更优秀的证据。

不过,20世纪80年代后期,我改变了我的授课方式。当时,康奈尔大学把我的这门课程列入"骑士写作计划"。该计划的目的是鼓励不同专业的教师都要求学生撰写与自己的专业领域相关的研究论文。我的"经济自然主义"写作项目由此而诞生。在这个写作项目里,我要求学生提出一个关于自己个人经历或观察到的事件或行为模式的有趣问题,然后运用课堂上学习到的经济学理论给出一个合理的答案。

我在教学大纲里写道:

你最多只能写500字,许多优秀的论文字数更少。请不要在你的论文里过度使用复杂的术语,就当这是一篇写给你从未学过经济学的亲戚看的文章。最好的论文是让外行人一看就能完全理解的,通常这样的论文都不会使用代数或者图表。

一个有趣的问题是那种可以立即激发起听众好奇心的问题。最初,提出这类问题对学生们来说是有挑战性的,但是通过实践,他们很快就能提出更好的问题。我告诉他们,判断一个问题是否有趣的试金石是,向朋友提出这个问题并观察他们的反应。

在我收到的论文中,我以前的学生格雷格·巴利特(Greg Balet)提交的问题,是我认为迄今为止最好的问题之一:为什么监管机构要求孩子们即使在驶向两个街区之外的杂货店的短距离车程中也要坐在政府规定的安全座椅上,却允许他们在从纽约飞往洛杉矶的 5 小时航程中坐在父母的腿上而不加约束?

格雷格告诉我,当他向同学们提出这个问题的时候,他们看上去非常感兴趣;然后,当他请他们试着回答这个问题时,他得到的最普遍的回答是,如果飞机坠机了,反正每个人都可能会死掉,所以有没有系上安全带已经无关紧要了。不过,他很快就意识到,这并不是一个合理的解释,因为在飞机上系上安全带的主要原因是为了减少因剧烈湍流造成的受伤风险。在商业航空的早期历史中,这种风险很明显要比汽车事故所造成伤害的风险高得多,这也就解释了为何监管官员早在要求汽车配置安全带之前,很早就强制性地要求飞机上安装安全带。

我试图教给学生们的最重要的经济学概念之一是"成本收益原则",即只有当收益至少等于其成本时,才应该实施某项行动。基于这个简单的原则,格雷格对上述问题得出的答案是,因为在飞机上系安全带的收益大于在汽车里系安全

第10章　用高质量的提问促成持续有效的对话

带的收益,所以任何基于经济理性做出的不要求幼童在飞机上系安全带的决定,必须取决于成本收益模型中成本侧的金额大小。事实证明,这是一个关键洞察。

一旦你在车里安装了一个安全座椅,那么让你的孩子坐进儿童座椅就不用付出任何额外成本了,只需几分钟就可以轻松搞定。相比之下,如果你乘坐飞机,就必须为你的孩子再买一张票,这会使得你的旅行支出增加数百美元甚至更多,虽然监管官员可能不习惯明确地用这种方式说明他们的思考逻辑,但他们不要求幼童在飞机上单独入座并系上安全带,是因为这么做的成本过高。

长期而言,鼓励学生多提问会不会有利于提高他们对于基本的经济学原理的理解?对此,我没有任何系统的证据。但是,因为传统的经济学入门课程似乎没有长期的价值,所以我相信采用新的教学方法也不会给学生们带来重大损害。而且,有些迹象甚至显示它可能对学生有益处。例如,许多学生就告诉我,当他们在感恩节假期回到家中,和家人在餐桌上的话题就经常涉及同学们提交的最好的"经济自然主义"问题。并且,在每年的校友重聚时,都会有已经毕业多年的学生来和我分享当年他们提交和回答的问题。

这其中一些好的问题都包含矛盾或者冲突的元素。我个人很喜欢的一个问题来自我以前的学生珍妮弗·杜尔斯基

（Jennifer Dulski）：为什么新娘愿意花数千美元购买一辈子只穿一次的婚纱，而未来可能会出席很多需要穿正装的活动的新郎却通常只租一套廉价的燕尾服？这样的问题会立即引发热烈的讨论，许多学生即使在这篇论文提交后，仍对此津津乐道。2007年，我曾把最喜欢的学生提问结集出版，结果销量远超我的其他书籍。

有证据表明，**提出高质量的问题也能帮助组织创造价值**。比如在保罗·斯隆（Paul Sloane）的报道中，当格雷格·戴克（Greg Dyke）在2000年成为BBC（英国广播公司）的总导演之后，他做的第一件事就是以提问的方式在全员大会上致辞："大家希望我为你们做些什么来改善状况？"作为一名初来乍到者，戴克认识到他可以从员工身上学到的东西，多于员工们可以从他身上学到的东西，而那些原以为会像往常一样听到冗长而乏味的演讲的员工们，对于戴克的问题反响热烈。斯隆报道说，那些出席全员大会的BBC的员工其实拥有"许多急于想分享的好主意"，后来戴克持续实施了其中的很多好主意。

关于提问重要性的进一步证据来自一些研究，这些研究显示，仅仅听到反对意见，对于人们的党派立场几乎没有任何影响。

第 10 章 用高质量的提问促成持续有效的对话

行为传染实验室

在最近的一次实验中,一大群民主党和共和党的推特用户都被要求关注自己反对的那个政党的重要人物的推特账户。一段时间后,他们被问到自己对能清楚区分民主党拥趸与共和党粉丝的 10 个问题的看法,这些问题涉及环境监管、移民、平权运动、少数群体的权利、企业利润和政府浪费等领域。

设计这个实验的目的,是检验"政治两极化是由于同类思维的群体分隔而很少听到相反观点所导致的"这一假设。然而,该假设没有任何实验证据的支持。听到了反对观点不仅不能减少政治两极化,而且有恰恰相反的效果:它让共和党变得更保守,让民主党变得更自由。

相较而言,恰到好处的提问被证明即使在最两极化的事情上,都曾改变过人的观点。

学习理论主义者解释说,当我们通过积极的推导得出结论而不是由他人告知结果时,我们就能更有效地吸收信息。

行为传染实验室

2018 年,一份整合了涉及超过 5 000 个被试的 64 项早期研究的"元分析"报告证实,如果教师要求学生向自己解释一个概念,而不是把这个概念灌输给这些学生,那么他们就能取得更好的学习效果。这个报告包含了把从"促进自我解释"方法获得的学习结果与许多其他教学方式产生的学习结果进行对比的研究，其他研究方法包括教师授课、解决问题、研究已解决的问题，以及研究文本内容。

根据我在教学之外积累的经验，最能生动地说明自我解释的力量的例子之一来自与美国《平价医疗法案》(*Affordable Care Act*)反对者的对话。首先，简单介绍一下背景。该法案的初稿有三个核心要素：第一，要求保险公司以相同的保单费率向所有客户提供保单，即便客户有严重的既往病史；第二，要求不买保险的人必须缴纳罚金；第三，为低收入人士提供补贴。第1条和第3条获得了广泛的支持，但是，奥巴马医改的反对者对第2条发起了广泛的攻击，而且这一条在很多圈子里都非常不受欢迎。《平价医疗法案》的起草者努力向选民解释为什么这三个核心要素缺一不可，只有同时就位，这个法案才能发挥作用。但是这些努力显然都没有达到目标。

然而，底层逻辑根本就不复杂。如果监管官员们能够提出有效的问题，他们的选民就应该能毫不费力地理解这些法案。我自己与奥巴马医改的反对者对话的亲身经历就非常有说服力地表明，我们需要提出的一个最重要的问题是：如果政府强制要求保险公司以平价费率为那些房子已经失火并烧

第 10 章　用高质量的提问促成持续有效的对话

毁的家庭提供火灾险,那这些保险公司会怎么做?

　　这个问题几乎就是答案本身。火灾险的保费市场价格一年也不过数百美元,如果保险公司被迫为那些房子已经烧毁的家庭提供平价保险,除非房子已经被烧毁,否则任何理性的消费者都不会购买这种火灾险。这意味着已经卖给客户的每张保单都要求保险公司必须承担数十万美元的赔偿,这样保险公司很快就会破产。火灾险市场之所以存在,是因为保险公司知道大多数投保家庭的房子都不会被烧毁。他们知道以合理的价格销售成千上万张保险合约,但从中获得的收入一定足以覆盖那些因意外而被烧毁的房子的重建成本。

　　但是一个缺乏监管的医疗保险市场却不是这么运作的。一个在投保之前就存在严重的既往病史的人,与一位房子已经被烧毁的人的情况是非常相似的。保险公司和前者都知道,如果保险公司被迫以平价为其提供保险,那么保险公司要损失巨额资金。唯一能让保险公司得以覆盖这种成本的方式,是前者来自一个大多数成员都是健康人士的保险客户池。而这正是为什么第 2 条要素构成了奥巴马医改精髓的原因。

　　如果保险公司被迫以低价把火灾险卖给那些房子已经被烧毁的人,这些保险公司将会出现什么情况呢?如果有人被要求去思考这个问题,他凭一己之力就能找到这个答案。但是，因为没有人想到提出这个问题，所以尽管有人无数次地想解释清楚这件事情，但第 2 条要素的基本原理对选民而言就是晦涩难懂的。

当然，在一些重要的政策事务上，提问并非促进更有效沟通的唯一策略。心理学家马修·鲍德温（Matthew Baldwin）和乔里斯·拉默斯（Joris Lammers）的研究表明，时间框架可以戏剧性地影响自由派和保守派人士对不同环保政策选项的评估。他们观察到一个现象：保守派倾向于关注过去，而自由派人士更可能聚焦于未来。他们的研究工作就从这个观察开始。

有人对这种区别做了一个夸张却很能说明问题的描述：保守派认为，因为当下与过去相比更加糟糕，所以我们需要恢复往日的政策；而自由派人士则认为，因为未来会比现在变得更差，所以我们需要改变当前的政策。

鲍德温和拉默斯继续说明，在将过去与现在的条件进行对比的情况下，那些自称为保守派的人士会更愿意支持环境保护措施；但当这种对比是以"将现在与将来比较"的方式描述的时候，他们支持同样的环保措施的可能性就会大大降低。

在相关研究中，其他心理学家还发现，人们在与他们支

第 10 章　用高质量的提问促成持续有效的对话

持的政策的反对者进行辩论的时候，通常不善于在辩论时运用"道德辩论术"。根据"道德基础理论"，道德推理通常植根于情绪模块，其中 5 个最常见的情绪模块如下：

1. 关心：珍爱和保护他人。
2. 公平或恰当：根据共同的规则主持正义。
3. 忠诚或合群：支持你的集体、家庭和国家。
4. 权威或尊重：服从传统和合法权威。
5. 神圣和纯洁：憎恨恶心的事物、食物和行为。

支持"道德基础理论"的乔纳森·海特（Jonathan Haidt）[1]等心理学家就认为，自由派人士通常重视前两个模块，而保守派人士通常强调后三个模块。在一篇颇有影响力的论文中，心理学家马修·范伯格（Matthew Feinberg）和罗布·威勒（Robb Willer）就证明了这一点：应当站在政治过道的两端。[2]

就与当前话题有关的部分而言，这两位心理学家更有趣

---

[1] 著名心理学家，任职于纽约大学斯特恩商学院，主要研究如何在组织中运用积极心理学和道德心理学。其经典著作《象与骑象人》《正义之心》的中文简体字版已由湛庐引进，浙江人民出版社分别于 2023 年 11 月、2014 年 5 月出版。——编者注

[2] 意指政见不同的人运用"道德辩论术"来支持他们喜欢的政策时，他们一般会援引自己喜欢的那些情绪模块，这其实会使他们的论证在与对手的辩论中大打折扣。——译者注

的发现是：在与政治对手进行辩论时，如果使用对手看重的那些道德观念来表达自己的观点，就会取得更好的效果。例如，尽管保守派普遍强烈反对奥巴马医改，但当他们读到用纯粹的关心（如减少与病人接触的方式）表达出来的辩护词时，他们的反对态度就可能会变得柔和一些；而当他们读到用正义和公平的观念包装起来的辩护词时，他们的反对态度则不大可能弱化。

了解了这些沟通理论之后，现在假设我将与一名主张"小政府"的保守派官员进行一场对话，以使他更愿意将行为传染作为政策干预的合理目标。考虑到我希望扩大我们能达成共识的话题范围，我将称他为我的合伙人而非对手。不过，为了避免让我的任务在一开始就显得无望，我将假设我的合伙人是庇古俱乐部的一名成员，也就是说，他是一个持有"税收是迄今最有效和公平的遏制环境污染的手段"这一观点的人（详见本书第 8 章）。

为了避免让我自己（在这场假设的情形中）占有太多优势，我将努力为长期饱受小政府保守主义者攻击的政策进行辩护。具体地说，我将建议对含糖的软饮料进行征税。有证据表明，过高的糖分摄入会导致一系列与肥胖相关的严重健康问题。我的建ingredient议是针对这一问题做出合理呼应。墨西哥就曾出现过肥胖率以高于美国的速度增长的现象，为了加以遏制，墨西哥最近开始对含糖软饮料征税。在该税收实施后的第一年，含糖软饮料的消费量下降了 5.5%，第二年下降了 9.7%。

当然，许多小政府保守派人士对实施任何新的税种都持反对态度，但是我的这位"合伙人"并非如此。他和我同属庇古俱乐部，都倾向于把税收作为遏制环境污染的最好方式。但是，如果我真的碰巧与某个坚持认为"税收即掠夺"的人进行对话，那么我会提出的有价值的问题是：在一个纳税纯属自愿行为的社会里，将会发生些什么呢？正如我们在本书第 8 章所看到的那样，这个问题会凸显出"税收即掠夺"这种观点内在的深刻矛盾。所以，在这里我将假设我的合伙人同意我们必须对某些事项征税，我也注意到我们两人都倾向于征污染税的观点，因为这么做就可以减少污染对他人造成的伤害。

一旦有机会，我会问我的"合伙人"："你认为消费苏打水是一种社交活动吗？"如果他表示不确定，那么我会指出，几乎在每个领域，都有证据显示我们的消费模式通常都会反映我们所处社交圈的消费模式，并且因为这种倾向在孩子身上比在成年人身上会表现得更强烈，所以我们似乎可以合理地相信，一些孩子对含糖软饮料的消费的增加，会导致其他孩子也加以效仿。如果我的"合伙人"同意这一点，那么我们也就会一致同意，含糖软饮料的消费和有毒的污染有一个重要的共同点：二者都是会对他人产生危害的行为。由于任何商品价格的上涨都会导致消费量的减少，所以在这两个例子里，税收都能降低危害。

另一个常见的、反对对含糖软饮料征税的意见是，人们应该拥有自己决定消费哪种饮料的自由。但是，对含糖软饮料征税并没有剥夺任何人在这方面的自由，它只是让含糖软饮料变得贵一点而已，从而导致消费量的减少。至此，我们两人已经就必须对某种事情加税达成一致，也在理论上同意对会危害他人的行为征税是合理的。所以，显而易见的下一个问题就是："有没有比含糖软饮料更好的征税对象？"

世界上有很多比含糖软饮料更不应该被征税的事情，我敢打赌我的合伙人会欣然同意这一点。例如，美国联邦税收中有相当一大部分来自工资税，工资税会使得企业雇用工人的成本增加12.4%，所以这种税也会阻止很多互利交易的发生。例如，假设雇用一个人将会给一个公司带来每小时20美元的净收入，并且假设这个人愿意接受时薪为18美元的工作，那么这个公司和这个人都希望建立雇佣关系，但因为工资税会使得雇佣成本提高到20美元以上，因此他们之间无法建立雇佣关系。所以，我在不用询问的情况下就可以断定，我的合伙人会认为工资税的这种副作用是不可取的。

因为金钱是可互换的，所以每当我们从含糖软饮料税收中征收到1美元，都意味着我们可以对工资税少征收1美

第 10 章　用高质量的提问促成持续有效的对话

元。所以"总体而言"这种转变是一件好事。如果含糖软饮料是唯一一种可以征税且可以帮助我们减少对社会有益的活动征税的商品,那么我的合伙人也许会支持我对含糖软饮料征税的建议。但是,也许他认为还有其他比含糖软饮料更适合征税的事物,并以此为由来反对我的建议。在这种情况下,我会问他:"你的具体建议是什么呢?"也许,他会提出我认为很有说服力的例子,但是除了工资税,我也可以列举出其他我们正在征税的、对社会有益的活动的例子。用这种方式,我们也许需要列出最适合和最不适合征税的事物的清单,然后讨论出我们可能达成一致的具体方案。

正如有人反对把烟草税作为减少对潜在青少年吸烟者的同侪影响的工具一样,我的合伙人也许会基于类似原因反对对含糖软饮料征税。他也许会说,人们总该有保留自己戒除含糖软饮料的选择权,就像他们可以选择不抽烟一样。我会欣然承认,这是个很好的观点。

然而,正如我们在前文中看到的那样,青少年的高吸烟率一定会以防不胜防的方式伤害到很多父母和其他人。同样地,当前的饮料消费模式也一定无可避免地会造成对大量其他人的伤害。我的合伙人肯定会同意,大多数家长和朋友都不希望自己关心的人变得肥胖,或者遭受截肢、肾功能衰竭及其他食源性肥胖症诱发的后果。难道这些诉求不是合理的吗?

行为传染效应　UNDER THE INFLUENCE

科学证据清楚地显示我们目前的社会环境鼓励重度消费含糖软饮料，这大大增加了严重健康问题的发生率。如果目前的消费模式持续下去，从统计学角度来说，肯定会有数百万父母无法实现看到自己孩子成长为健康的成年人这个心愿。那么，这些父母还有补救措施吗？他们唯一能做的，不过是劝告他们的孩子要走出一条跟同伴不一样的道路而已。而当劝告超过了某一程度，任何进一步影响孩子们的努力都很容易导致适得其反的结果。

我的合伙人还可能因为这点而反对我的建议：让监管部门对含糖软饮料征税，如同踏上了一个很滑的山坡，沿着坡道会无可挽回地"滑落"成一个令人担心的保姆式国家。考虑到最近一些以保护他人免受伤害的名义而压制大学校园言论的做法，这的确是最让我感到犹豫不决的反对意见。如果我相信，对那些担心一个校园演讲者会伤害他们情感的人的最好的回应，是督促他们变得更坚强，那么为什么我不相信对那些含糖软饮料的担心的最好回应，就是督促人们拒绝饮用它们呢？为什么我相信官僚们可以获得这种科学判断的权力，能精准地仅仅对那些会对"他人"产生真正危害的活动征税（对于这些"他人"而言，要依靠自己的力量避开这种伤害的代价是极其高昂的）？

虽然我理解对这些问题的担心，但我更担心由于没有对含糖软饮料征税而导致的巨大损失。除了那种因食用糖分而

第 10 章　用高质量的提问促成持续有效的对话

导致的健康持续严重恶化的后果，这种损失还包括错过减少当前真正有价值的活动税收的机会。比起那些与保姆式国家有关的、过度监管的陈词滥调，税收矫正机制更加体现了对个人自主的尊重。最后，如果严肃地对待前面的滑坡理论，就需要抛弃所有监管行为的尝试：不能有"停车"的交通标识，不能有红绿灯，不能有惩罚偷盗和谋杀的法律。没有任何一个理性的人会支持这种立场。因为我们行至中途时，总不可避免地会经过滑坡道，所以不能就此假设对含糖软饮料征税就会导致我们进入一场滑至最底部（保姆式国家）的竞赛当中。

对含糖软饮料征税，也许仅仅会导致人们转而购买其他方便易得的、未征税的替代品。我的合伙人最后也许会因为这一点而提出反对（我的一个朋友实际上也反对过）。正如对豪华汽车征税导致了人们转而购买没有被征税的豪华 SUV 一样，他也许会问，难道对含糖软饮料征税就不会导致人们消费更多的糖果和饼干吗？这是一个好问题！我们在本书第 8 章讨论过，如果很大一部分高端消费是相互消耗并且是极度浪费的，一种针对（此品类）全部商品消费的累进消费税制度，就会比只针对某种特定奢侈品征税的制度更加有效。类似地，如果过量摄入糖分是问题的关键，那么基于总含糖量这个指标，对所有食物和饮料进行征税的制度，与仅仅针对含糖软饮料进行征税的制度相比，就是更好的解决方案。在这个问题上，合伙人反对的本质不是含糖软饮料

303

税本身，而是没有对其他形式的食用糖也征税。

简而言之，我的观点是，把庇古税视为对于环境外部性的首选补救措施，似乎会促使庇古俱乐部的成员们得出一个关于行为外部性的类似结论，即使在含糖软饮料税这个极具争议性的例子里也是如此。毕竟，支持这些观点的逻辑，都存在于两个例子的细节里面。那么，现在我那身为小政府保守派人士的合伙人也会同意这个观点吗？基于我在现实中关于这个问题的对话，我可以回答说，答案有时是肯定的，但并不总是。

如果你关心公共政策，即使只能偶尔成功地说服对方，那么，展开类似对话也是非常值得的。

我早期写书的主题之一是：成功人士往往会忽视生命中那些看似微不足道的小概率事件，因此他们对于自己在市场中获取的巨大物质回报，会逐渐产生一种过度的特权感。无可否认，大多数成功人士不仅勤奋而且极其聪明。但是在关键时刻，他们还必须有些运气。毕竟，这世上还有许多人虽然同样勤奋且聪明，却没能取得同样的成功。

问题在于，当人们把成功完全归功于自己的努力时，他们就常常不愿意支持为下一代创造类似机会所需投入的税赋，而且任何提醒他们运气在他们生命中的重要性的尝试，

第 10 章　用高质量的提问促成持续有效的对话

都很可能会激起敌对的反应。

碰巧的是，我发现克服这个障碍的最快方式，就是不再提醒我那些成功的朋友"好运眷顾了你们"。他们在沿着自己的职业道路到达事业顶峰的过程中，必然经历过一些幸运时刻，因此，如果我仅仅问他们是否能回忆起这些幸运时刻的例子，他们根本就不会做出愤怒或者防御性的反应。恰恰相反，他们会在记忆之中搜寻相关的例子，并且他们的眼睛也会变得闪亮起来。当他们想起一个例子时，他们会很急切地把它告诉我。这个回顾的过程常常还会唤起对另一个例子的记忆，他们同样会热切地描述这个另外的例子。大多数情况下，他们接着会希望讨论政府可能进行的投资项目，以便于推动进一步的发展。

在一些其他的场合，让别人回忆他们过去的幸运时刻，会引来一些有趣的故事。下面是一个朋友回忆他商学院时期的一个故事：

> 1970 年，在南太平洋铁路公司的奥克兰铁路调车场上晚班时，我发现我把棒球帽忘在家里了。这本来是小事一桩，但后来开始下雨了，于是一个工友就将他卡车上的备用安全帽借给了我。那天晚上晚些时候，一块重达 90 多千克的钢板从一辆三层的载重汽车上滚下来砸中了我。我被撞出几米开

305

外,当即不省人事。我后来住院3天,并花了6周的时间进行调养。在我重新回到工作岗位的第一天,事故当晚的一位同事把那顶安全帽递给我,建议我把它留作纪念。我震惊地看到那顶安全帽几乎已被钢板切断。毫无疑问,如果我没有忘带我的棒球帽,那块钢板将会把我的头颅一切为二。所以,我一直保存着这顶给我带来"好运"的安全帽,直到在搬往弗吉尼亚州的途中遗失了它。

另一次,我曾问一个大学同学他在小概率事件上的经历。毕业之后,他成了一名非常成功的企业家,但他与监管官员打交道的经验却让他对政府产生了深深的怀疑。与前面的例子颇为相似,作为对我问题的回应,他开始回忆往事:

你可能不知道1985年我曾被雷电击中过,而且真的死过一次(我当时感觉掉入了一个黑暗的世界)。多亏当时有个人懂得心肺复苏术且极具领导力,否则我也不会活下来。另外,我还是个小孩时,曾在亚拉巴马州杰米森市的大街上被一辆1940年产的汽车撞了。这辆车的司机没有看见我,所以我被汽车的保险杠猛撞到胸口。幸运的是,撞击恰好使得我的手臂反过来贴在那个年代的车都有的辐板上。这使得我虽然被汽车拖行,但并没有掉到车轮下,街上的人们看到后立即追赶着让司机停了下来。

第 10 章　用高质量的提问促成持续有效的对话

但是我们的对话并没有到此结束。虽然他骨子里仍是个保守派人士，但他告诉我，我的问题促使他思考过去他遇到的各种好运气，也让他感到应该支持对加强社会保障体系的投资。

UNDER THE INFLUENCE
解码行为传染

确认偏差是一个心理学术语，也是我们容易犯的最重要的认知偏差之一。一个优秀的科学家会努力寻找他的假设可能出错的证据，但大多数人都有更愿意接受与我们最初的印象相符合的那些信息的天然冲动。当你有强烈的动机去相信一个想法的时候，你就会特别倔强地对与此相反的信息视而不见。一个愿意相信某个观点的人会问："我能相信它吗？"相比之下，一个认为某个观点是错误的人会问："我必须相信它吗？"如果我们能够至少花上一点时间，去和那些与我们观点相左的人进行对话，那么，我们就更有可能避免确认偏差。

不过，我们当然也应该避免与某类人进行对话。近年来，有很多人公开支持一些连他们自己都知道是错误的观点，这已经是越来越清楚不过的事情了。但除非你被邀请参加某个公开辩论的论坛，去揭穿这些人的观点，否则根本不用浪费口舌去和他们争辩。

尽管愿意支持不同事实的人的数量在增加，但是，大多数人会持续虔诚地坚持他们的信仰。正如前文所提到的，单纯地表达反对的观点不仅无助于改变这些信仰，反而会起到强化的作用。不过，实验证据也清晰地表明，基于某种结构进行的对话能够让信仰和态度都发生巨大而持续的变化。

那些决定策略性地去说服别人的人，也许会尽可能选择与那些在同伴中享有很高声誉的人进行对话。正如心理学家贝齐·利维·帕鲁克（Betsy Levy Paluck）和她的合作者指出的那样，如果聚焦于社交网络中被认为最受欢迎的人，那么遏制学校霸凌的干预措施就很可能取得成功。同样，经济学家胡安·戴维·罗巴林诺（Juan David Robalino）和社会学家迈克尔·梅西（Michael Macy）证明了这些深受欢迎的学生的吸烟行为，也会对同学们是否吸烟产生最大而且最持久的影响。

然而，我们也有理由相信，过度采用策略性或者目标导向的对话方式也可能会有适得其反的效果。正如散文家安德鲁·默尔（Andrew Merle）所写的："只有在你真正关心答案时，才能提出有价值的问题；如果你对答案并没有兴趣，所提的问题就是毫无意义的。你不可能心不在焉地提出好问题。"

我在回应读者对我早期写的一本书的批评时，就隐含着

第10章 用高质量的提问促成持续有效的对话

默尔的观点。在那个回应中,我试图说明,因为在潜在的贸易伙伴中间,真正的信任是很有价值的资产,所以,即使在最残酷的竞争环境中,诚信的人也能够获得物质上的回报(详见本书第3章)。如果我们能够非常准确地找出这些人,他们就能从基于信任的成功的风险投资那里获得额外的回报。有些批评者写信给我,抱怨我把物质回报当作诚信行为的一个动力。他们其实并没有真正明白我的意思。我所描述的机制,只有在人们能够识别出他人真正值得信赖时才会起作用。鉴于涉及的情感信号机制,试图表现出值得信赖的人只是为了获得物质回报,很可能不会被认为是真正值得信赖的人。任何这样的尝试都将是徒劳的,就像希望通过有意识的努力使自己变得更自然,从而更受人欢迎一样。

更重要的是,没有任何迹象表明"热心地告诉他人什么是有价值的观点"的行为里隐含着不诚恳的意图。我在1985年出版的第二本书中,试图解释这样一个问题:为什么许多社会问题都会被左派的社会评论家错误地认为要么是因为强大雇主的剥削,要么是因为竞争不足和市场失灵呢?我认为,这些社会问题,其实是过度竞争造成的弄巧成拙的结果。当这本书在那一年的1月出版时,我曾以为美国国会将会实施累进消费税,而且在那年年底之前我提出了其他一些政策建议,但实际上,在其后的数十年间,这些建议中没有一条得到了采纳,我痛苦地意识到自己的这些期望是多么天真。

每次我写完一本书之后，我都不知道自己是否会再写下一本，这次也是如此。但是，因为人的生命终归有限，很可能这本书会成为我的最后一本书。我也知道，即使这本书的所有读者都觉得我的建议有道理，他们的数量仍然是很有限的，根本不足以对我最关心的政策议题起到任何可察觉的影响。因此，如果我的观点将来影响了政策辩论，那么原因必然是其他人受到了激励，愿意持续讨论这些话题。

对于20世纪60年代的很多经济学家热切关注的那些社会问题而言，情况也是如此。具体地说，他们建议通过实施可交易二氧化硫排放许可证制度的方式，来解决酸雨问题。这个数十年均被立法者熟视无睹的建议，后来引发了富有成果的讨论。经济学家在课堂上和学生谈起他们的建议，其中有些学生后来成了国会山的工作人员或实习生，从而有机会与参议员和代表们热烈地讨论这一建议。这些讨论虽然没有带来即时的变化，但最终还是促成了1990年《清洁空气法》修正案采用了二氧化硫排放许可证制度。

当然，进展并不总是如此缓慢。行为传染具有的强大力量，能激发出一些讨论，而这些讨论甚至可以让更有争议性的政策议题也能迅速发生变化。

对这种力量的认识，激发了我进一步推动卓有成效的对话的愿望。但是，很快我就开始了对于前文提到的关于正确

第 10 章　用高质量的提问促成持续有效的对话

问题的有效性的研究。早些时候，我看了一个 TED 演讲视频。视频中，克利夫兰市城市俱乐部的 CEO（首席执行官）丹·莫尔思罗普（Dan Moulthrop）基于自己长期担任面试官的经验，提供了一些建议。他说的这些建议中，有许多都被前文提到的实验成果证实了。但他还提到了一个我在其他地方没有听过的观点：在向一个人提问时，最有力量和信息量的一个问题是："你对什么充满了热情？"

在此之前，没有任何人问过我这个问题，以至于在听到这个问题时，起初我不知道应该如何回答。我是一名经济学家，但经济学家并不是一个以激情著称的群体（正如一个喜欢开玩笑的人曾经说过，经济学家是一个想成为会计但没有足够激情的人）。我一开始想，也许经济学家就不应该有激情。但是，我也很快地反思了一下，这让我有了新的想法。事实上，大多数经济学家都执着地追求效率，我也不例外。跟大多数人一样，我关心很多事情，但事实上，效率才是我内心最深处的激情。效率会让我从职业角度将所思考和所写下的每一件事情都焕发生机。

效率甚至会影响我最无关紧要的选择。例如，我曾在纽约大学度过了一年的学术公休假期。在那段时间里，效率原则决定了我会坐在地铁的哪节车厢。那一年，距离我位于第八大街的公寓最近的车站有两个独立的入口，一个位于第三大街，另一个位于第八大街。当搭乘北向地铁去往该站时，我总是坐在第一节车厢；而搭乘南向地铁时，我总是坐在最后一节车厢。因为这两个选择都可以使得我用最少的步数抵达第八大街的出口。

但是，效率也蕴含在更深层的人文关怀中。我们采纳了一个提高效率的政策，就会让每个人都能更多地实现他想实现的成就。如果低效率，特别是那种大范围的低效率是有意而为之的结果，那么我们就应从道德上加以谴责。

毫无疑问，我在上面描述的因低效而带来的损失，无论从数量还是从范围的角度来看都是非常巨大的。在前文中提到的充满浪费的消费模式里，这些损失已经持续了很多年。就气候变化而言，最重大的损失还在后头。不过这两种形式的损失中的大部分都属于无心之失的副作用，而非有意为之的主动选择。因此，这些损失不应受到道德谴责，但是即便如此，这种级别的损失完全值得用我们内心最深处的热情来关注。我在前文中曾论证过，我们对政策进行简单的调整，就可以在不需要让任何人做出痛苦牺牲的前提下，消除这种损失中的很大一部分。也许最终我仍无法成功地让足够多的人赞同我的这个观点，但如果我没有努力尝试去说服他们，我就无法平静地离开这个世界。

当然，有很多人根本不需要我去教他们如何有效地展开对话。他们天生好奇心强且情商很高，自然擅长于此。但是，

第 10 章　用高质量的提问促成持续有效的对话

正如交流研究学者艾莉森·伍德·布鲁克斯（Alison Wood Brooks）所写："我们大多数人问的问题都不够多，也不懂用最好的方式来提出我们的问题。但好消息是，通过提出问题，我们会自然地提升情商，这会进一步让我们成为更好的提问者，这是一个良性循环。"

接下来，我希望你开始问很多的问题。你无法每次说服怀疑论者接受你的观点，但是，在这个过程中，你肯定能培养出更满意的关系，并且能听到更多有趣的故事。

后　记

用行为传染的力量造福人类

十多年来，我定期撰写关于气候问题的文章，我比我的经济学家同行们更密切地跟踪了这一主题的科学研究成果。在这一过程中，全球变暖对人类构成的严重威胁令我忧心忡忡。这些担心在我于 2018 年 12 月完成的本书第 6 章初稿的很多文字中，都有所体现。

2019 年初在《不宜居的地球》一书中，戴维·华莱士－韦尔斯全面阐述了迄今为止研究者对于地球的气候变化轨迹的发现成果。我被书中的描述强烈地震撼到了。虽然我在此之前已经读过很多他在书中援引的重要论文，但是完全没有料到这种威胁已经严重到像他书中描述的那种程度。他在书中全面地总结了迄今那些最权威的研究，这些研究充分支持了他的结论:形势已经比我们大多数人想象的要糟糕得多!

华莱士-韦尔斯还提到,许多研究人员不愿意描述这个威胁的严重程度,是因为担心被人说成是危言耸听。一些人显然担心,客观公正的报告可能会导致很多人丧失信心。但《不宜居的地球》也可以被解读为支持与之截然不同的反应。

现在,我们大气层中的二氧化碳有一半以上是1988年以来的人类活动造成的。1988年,气候学家詹姆斯·汉森(James Hansen)在美国国会上正式发表了关于全球变暖的预言。华莱士-韦尔斯注意到,尽管有了这个认知,我们仍继续在以惊人的速度向大气层排放温室气体。他在书中写道:"如果这种情况让你觉得震惊和悲惨,那么考虑到现在我们已经拥有阻止它发生所需要的所有工具——碳税和积极淘汰污染能源的政治机构,农业实践中的新方法和摆脱牛肉和乳制品为主的新型饮食结构,以及在绿色能源和碳捕捉领域的大量公共投资,事态究竟会恶化到什么程度?这个问题已经不是对科学的考验,而是对人类活动的一次赌注。我们能在多大程度上阻止这些灾难?怎样才能迅速地行动起来?"

我们可以确信,除了少数不愿意面对真相的人外,世界上绝大部分人都会欢迎那些有助于降低气候变化速度的机会,特别是当这些机会不需要他们做出痛苦的牺牲时。当

后　记　用行为传染的力量造福人类

然，悲观主义者很快就会援引对这种牺牲的必要性的质疑，来佐证他们对于我们不可能及时采取行动的预测。

他们的怀疑并不让人感到奇怪。塞缪尔·约翰逊（Samuel Johnson）曾说："每个人都具备无所事事的力量。"当无所事事的力量叠加强烈的不作为时，人们就必然会变得麻木不仁。我们要打赢这场全球变暖的战役，就必须对生活方式的各方面做出改变。但是，鉴于人类是忠于惯性的动物，因此我们都具有抵制变化的本能。人们对碳税的抗拒尤为强烈，在不止一个司法管辖区，支持实施碳税的政治领导者都遭遇失败。因此，我们在这个问题上踯躅不前也就不足为奇了。

然而，尽管总是有很多人会顽固地安于现状，但有时候戏剧性变化发生的速度会超出任何人的想象。回想一下，在美国，成年人吸烟率的下降幅度仅仅在数十年的时间内就超过了60%。这其中，促成改变的最大的驱动力都来自行为传染，新的税赋和监管政策算是最初的"狙击手"。但正如本书第4章所说，比这更为重要的力量是每出现一个决定戒烟的"吸烟者"，更多来自这位所在群体的其他吸烟者，也会选择戒烟或减少抽烟。

华莱士-韦尔斯质问的不仅是我们能否聚集足够的动力去挑战全球变暖的趋势，还包括我们能否获得足够的资源来确保挑战成功。经济学家和气候学家都把全球变暖现象视为标准的环境外部性问题。要解决这个问题，就需要在全球范围内快速采用严格的碳税政策，并且对环保技术进行巨额投资。但如果我们的认识仅仅到此为止，那么可以谨慎地预测，这些努力依然会走向失败。

工业化时代我们毫无节制地排放温室气体，的确是我们现在面临的全球变暖问题的根源。但是，环境外部性的叙事方式忽视了行为传染在这个过程中扮演的关键角色。本书第5章和第6章提到，为何人们总是盖大房子、开豪车，并且选择许多其他能源密集型支出呢？行为外部性是迄今为止最重要的原因。人们选择这种消费模式往往是因为周围的人也这样做，而非因为价格不合理。

当邻居们在屋顶上安装太阳能电池板的时候，我们也安装这些面板的可能性就大大增加。而且当伙伴们出于环保的原因而改变他们的食谱的时候，我们跟随这种潮流的可能性也会大大增加。

所以，如果我们理解了行为传染会如何影响我们的选择，就能明白我们有多低估那些限制个人温室气体排放的政策的有效性。行为外部性是如此强大，以至于任何旨在改变个人能源使用模式的政策都会直接产生涟漪效应，而这种涟漪效应常常会超过政策直接效果的许多倍。

后　记　用行为传染的力量造福人类

怀疑论者当然是正确的，他们指出，人们普遍抵制做出财务牺牲。但是我们也看到，阻止全球变暖的许多重要行动是不需要这种牺牲的。例如，因为富人们消耗的能源远比其他人要多得多，所以实施较高的中性碳税实际上会提高大多数纳税人的可支配收入。在设计合理的退税计划下，90%以上的人口都可能会成为净受益者。

当然，实施收入中性碳税政策后，富人们的可支配资金会变少，但是我们完全不用为这些纳税人感到惋惜。因为即使按照迄今为止人们建议的最高碳税计划来实施，这些人不仅仍拥有普通人合理需要的一切东西，而且还将保持购买特殊额外商品的能力。毕竟，这些特殊额外的商品都是限量供应的，需要它们的人可以通过竞价来获得。当所有富人都缴纳更高的税款时，他们相对的竞价能力完全不会受到影响。因此，那些可以俯瞰中央公园的公寓，仍会像实施收入中性碳税之前一样，落在同一批富人的手上。我已经论证过，人们由于没有理解这个简单的事实而产生了对碳税的抵触，这种情况就是"整体认知幻觉之母"。

同样的幻觉也会阻碍我们获得一般性的税收收入，从而使得我们无法对绿色科技进行大规模的公共投资。有关人类决定性因素的文献汗牛充栋，如果说这些文献揭示出了一个结论性的发现的话，那就是：个人消费在某个阶段之后的全面增加并不会持久地提升生活满意度。美国收入排名位于前 1% 的人群消费早就超过了这个水平。这一群体在国民收入中的占比在最近几十年快速上升，现在已经超过了 21%，这一数字高于 20 世纪 20 年代以来的任何时期。单独对这个群体征税就足以支付我们在绿色科技领域进行大规模投资所需的资金，而且无需任何人做出痛苦的牺牲。

当然，"整体认知幻觉之母"仍然会加剧富人对于更高税收的反对，但是认知幻觉并非一成不变的。导致这种认知幻觉的底层逻辑其实非常简单直接，任何一个中学生都能够轻易地理解（如果你身边有中学生，你大可测试一下我这个论断！）。对于行为传染更深刻的理解，才是消除"整体认知幻觉之母"的希望之所在。

许多气候问题的支持者曾警告说，"理智消费"（个人在使用能源时能够自我克制）并不能代替公共政策方面的坚定行动。华莱士－韦尔斯就这样描述过他的忧虑：

> 理智消费和健康都是逃避责任的借口，这源于新自由主义所推广的基本前提：消费者的选择可以是政治行动的替代品，它不仅是政治认同，也是对政治美德的宣传；市场和政治力量的共同终极目标应该是在市场共识的范围之内，对有争议的政策有效地进行完善，从而取代意识形态争议；同时，在超市或者百货大楼，一个人完全可以通过良好的消

费习惯来为这个世界做出贡献。

我一直认同华莱士-韦尔斯的这个观点：仅凭个人消费决策很难有效应对全球变暖的威胁，我们还需要在公共政策方面做出大胆改变。但是，对行为传染力量的研究让我相信，理智消费能以我之前未能理解到的方式，推动政策层面的进步。安装太阳能面板、购买电动车，或者采用一种对气候更加友好的饮食方式，不仅会增加其他人采取类似行动的可能性，而且会强化气候问题支持者对自我身份的认同感。在这个过程中，它也会增加人们支持强有力的气候立法的候选人并主动帮助他们当选的可能性。

在缺少大规模社会动员的情况下，把全球变暖"拒之于门外"是不太可能的，这种社会运动的高潮通常会出现在气候问题的阻挠者在选举中以极大的差距被击败的时候。当人们的个人消费选择更严重地受到气候议题的影响的时候，组织这种社会运动就会变得更加容易。威尔·杜兰特（Will Durant）曾这样总结亚里士多德在谈论习惯的力量时展现出的智慧："重复的行动成就了我们。所以美德并不是一次行动，而是一种习惯。"

行为传染能够为我们带来希望的另一个原因是，我们已经看到它在美国政治舞台上催生了迅速而广泛的变革，正如它最近在加利福尼亚州所产生的效果那样。前不久，加利福尼亚州的政治领导人把重点放在减税措施、削减教育经费、减少基础设施投资和限制移民等措施。在那些方面，他们很诡异地预料到今天很多国家政治领导人的立场。

但因为加利福尼亚州选民采取的反击，这种情况已经一去不返了。一旦选民开始让那些阻碍采取有效集体行动的领导人下台，改革的力量就戏剧性地得到了巩固。现在即使增加对教育、基础设施和环保的投资力度，加利福尼亚州仍享受着预算盈余。尽管人口在持续增加，加利福尼亚州的温室气体排放总量一直在大幅度下降。并且，尽管为支付这些开支而提高的最高区间税率会导致富人们成群结队地离开加利福尼亚州，但收入最高的 1% 富人阶层比其他收入阶层迁出加利福尼亚州的比例都要小。

正如政治科学家长期以来所指出的，加利福尼亚州发生的这一切，会在十年后普及到美国各地。

对于行为传染力量的深入理解也丰富了我们在解决两个最迫切问题的政治策略上的思考，即经济不平等和气候危机。绿色新政的支持者认为，除非我们能同时解决这两个问题，否则就不可能集结足够广泛的政治联盟来打破现在的僵局；而批评者（其中很多属于左翼阵营）则认为一次性地处理这两个问题的任务过于艰巨和昂贵，最终肯定会导致我们在两个问题上都铩羽而归。但是这种批评是建

后　记　用行为传染的力量造福人类

立在一个假设的基础上的,那就是为减少不平等推出的累进消费税制必然要求政治影响力巨大的富裕选民们做出痛苦的牺牲,而这个假设忽视了"整体认知幻觉之母"的影响:如果领导人向选民解释,更高的最高区间税率不会改变他们相对的竞价能力,那么大多数选民就都能领会没人必须做出真正的牺牲这一点。

简而言之,两线作战才是正确的选择,因为这样能最有效地减少经济不平等现象,同时也会降低实现碳中和的经济成本。这种运气并不常见,分别解决每一个问题的最好政策被证明具有强有力的协同性。

我希望这些现象能清楚地说明,在我们能否消除全球变暖威胁这个问题上,悲观是不成熟的表现。毋庸置疑,在确信会带来变化的情况下,大多数人才会有强大的动力去采取行动。正如已故的苹果公司联合创始人史蒂夫·乔布斯所说:"我们生来就是为了在宇宙中留下印记,否则我们为什么要来到这个世上呢?"当然,我们当中很少有人能在宇宙中留下印记。不过,即使如此,事实证明我们大多数人都不仅能够而且强烈渴望做些有价值的事情。

当我的大儿子五六个月大的时候,我就清楚地意识到原始动机的力量。我把他抱在怀里,然后反复按壁灯的开关,他很快就明白了开关和灯光之间的联系,然后自己就倾身去按开关。在他体验用自己的力量去控制灯光亮灭的时候，他眼中露出明显的喜悦。他的两个弟弟在大约差不多大的时候，也做出了同样的反应。我的两个孙女和数不清的朋友们的孩子也是如此。

这种以最原始的方式表现出来的渴望，相对来说是很随机的，不停地开灯、关灯比起反复按门铃这样的动作带来的满足感既不会更多也不会更少。然而，随着我们逐渐长大，我们的渴望会更加聚焦，我们会更少关心做成的某件事情本身，而更多关心我们行动的实际效果。并且，我们很快发现，最大的满足感来自做成了某件有价值的或者值得赞扬的事情。

雇主们总是难以为可能引起社会负面评价的岗位空缺招聘到合适的人员，我们可以在雇主面临的这些困难中发现能支持上述结论的明显证据。例如，为吸引广告文案人员到烟草公司工作，就必须支付比美国癌症协会广告文案人员更高的薪水。简而言之，人类内在的欲望深藏着为公共利益服务的渴望。我们对行为传染的力量理解得越深刻，就越能挖掘出隐藏在渴望之中的巨大潜力。

谨慎的学者担心，对气候变化威胁的全面理解，可能会导致许多人放弃希望。但正如华莱士-韦尔斯所说："我们为什么要怀疑自己的独特性？我们为什么仅仅从假设世界即

后　记　用行为传染的力量造福人类

将毁灭的角度来理解这场危机？我们为什么不相信这场危机会自己赋予更多的力量？"

　　预警是应对气候变化威胁的一种有力的反应。然而，我们仍有行动起来应对这场危机的时间，而且现在我们是在希望和绝望之间进行选择，为什么有人要选择绝望呢？为保护这个星球的生命力而展开的人类协作会让人产生强烈的满足感，我们为什么不行动起来呢？对于努力不让恐惧击倒自己的那些人而言，直面这一挑战是一件很刺激的事情。正如气候倡导者凯瑟琳·威尔金森（Katharine Wilkinson）所说："活在如此重要的时刻是一件伟大的事情。"

译者后记

行为传染效应与人类社会的重大关联

我最早接触经济学是从政治经济学开始的,准确地说,是从马克思主义政治经济学开始的。那是20世纪90年代,我的老师是一位敦厚沉稳的教授,他用平和舒缓的语气给我们讲述经济基础与上层建筑的相互作用和矛盾,讲资本主义社会存在生产社会化和生产资料私人占有之间的基本矛盾,以及资本主义周期性经济危机的根本原因等内容。一个学年下来,我们学到的全部是定性的分析,没有任何定量的计算。实事求是地说,我和同学们都觉得老师讲到的理论框架似乎无可辩驳,但是和我们当时的现实生活相去甚远。毕竟那时候我们都没去过资本主义国家,更没亲眼见过"资本家宁可把牛奶倒在地上,也不让穷人白喝"的景象。

后来,我开始进一步接触和学习西方经济学,读到萨缪尔森和曼昆等人撰写的经济学教科书,看到其中讲到的供应需求曲线、生产可能性边界、要素价格均等化定理、消费者剩余、价格弹性系数、通货膨胀率、货币供应量、拉斐尔税收曲线等理论,居然都可以用数学公式(甚至微分函数)或图表来描述,顿时觉得特别神奇。而且作者对于这些理论的论证逻辑非常缜密。因为他们讲述的内容和日常生活场景密切相关,如物价、税收、工资、供给和消费、比较优势、出口等,都是发生在身边或报纸上可以读到的事情,所以让我觉得经济学与现实生活有更高的相关性。

但数量化的西方经济学往往建立在一些简化的模型的基础之上。例如,大卫·李嘉图在创立比较优势理论时,就假设了一个只有两个国家和两种商品的世界。在这个假设的世界里,每个国家都根据比较优势的原则完全专业化地生产一种商品,从而使两国的福祉都得到提高。显然,现实中国家的数量远远不止两个,也没有任何一个国家会完全专业化地只生产一种商品。最近几年出现的"逆全球化"趋势,某种程度上是对比较优势理论反思和实践的结果。

再举个例子,传统的西方经济学往往建立在"理性人"

译者后记　行为传染效应与人类社会的重大关联

假设的基础之上。曼昆就说过:"理性人会考虑边际量。"所谓边际量,就是极其微小的增量,这就要求"理性人"不仅必须具备完美的信息收集和处理能力,而且决策时只会考虑自己的利益且完全无视社会的公序良俗。显然,在现实生活中,即使真的有人能做到这一点,也只有极少数人在极少数情形下才能符合这种"理性人"的定义。

虽然我们不能否认传统西方经济学对于现实经济的解释作用和重要指导意义,但显然这些建立在高度简化和概括的模型基础上的、数学化程度很高的理论,在面对由有血有肉、会爱会恨、可以"温良恭俭让"同时也可能"贪嗔痴慢疑"的无数个具体的人组成的经济社会时,是无法全面和准确地解释并预测所有的经济现象的。

传统西方经济学的这种"短板",很早就被学者注意到了,本书作者罗伯特·弗兰克就是其中一位。弗兰克曾在佐治亚理工学院攻读数学学士学位,并获得了加利福尼亚大学伯克利分校的统计学硕士和经济学博士学位。在职业生涯的早期,他就具备了理解、运用和发展传统经济学的数学化方法论的知识储备。但他那时就对过度推崇量化分析模型的经济学家们不以为然,并经常与后来获得诺贝尔经济学奖的行为经济学大师理查德·塞勒就"所观察到的人类行为往往呈现出与标准经济学理论的预测大相径庭"的情况,进行长时间的交流。

早在 1983 年，弗兰克就开设了全球第一门有关行为经济学的本科课程，课程的名称叫"理性选择的偏离"。课程分为两大部分，第一部分主要关注那些受到认知偏差驱使的个人行为，第二部分则聚焦某些集体行动存在的问题。

弗兰克认为，对于个人认知偏差的研究成果对政策制定者有着巨大的影响。不过，人们由于集体行动的问题而遭受的损失，要比个人认知偏差造成的损失高得多，而且这种损失很难扭转过来。因为任何对于集体问题的矫正措施，都需要通过集体的协作才能达到效果。即便如此，行为经济学家迄今却几乎全部聚焦于研究个人认知偏差相关的问题。弗兰克对此感到非常遗憾，他甚至因此一度不愿意把自己归入主流行为经济学家之列。

在本书中，弗兰克认为人与人之间联系的紧密程度超乎想象，人的思想、行为、风格或者习惯都可以相互影响。心理学家把模仿他人的倾向称为"行为传染"。同伴之间的行为传染，既有正面影响，也有负面影响。我们在现实生活中遇到的一些问题，包括吸烟、攀比、酗酒、炒房，乃至军备竞赛和气候危机，不仅跟行为传染有关，而且行为传染使这些问题给他人和社会造成的损失远大于给肇事者本人造成的伤害。

那么，我们是不是应该不计代价地全面遏制行为传染呢？弗兰克认为，因为人具有社会属性，所以完全遏制行为传染既不可能也没必要，但我们可以利用行为传染产生的正面影响，去改变个人激励体系，从而建立让每个人都能把自己最好的一面展示出来的社会环境。那么，哪些政策措施具有这种功效呢？弗兰克认为，收入中性的庇古税和一些许可证制度，都能够在富人无须做出特别的牺牲的情况下，达到改变个人的激励机制的目的。

《行为传染效应》这本书，也是我第一次看到学者利用行为经济学的研究成果去帮助解决美国乃至全球性重大问题的一个尝试。弗兰克曾写过多本经济学畅销书，其中尤以"牛奶可乐经济学"系列为最。《行为传染效应》这本书观点鲜明、论证严密、案例翔实、文笔流畅，极具可读性，可以看出，作者为这本书付出了很大的心血。

值得一提的是，弗兰克在本书中写道："人的生命终究有限，很可能本书会成为我出版的最后一本书。"这也使这部大师之作更显珍贵。

那么，本书对于中国当前面临的一些问题是不是也有一定启发作用呢？弗兰克是一位思想大师，被称为"通俗经济学鼻祖"，他的观点有很多值得我们参考借鉴之处。在中华人民共和国成立后的70余年尤其是改革开放后的40多年的时间内，我国经济在多个方面都实现了飞速发展，国内生产总值在全球主要经济体中名列前茅，也是全世界唯一拥有联合国产业分类中所列全部工业门类的国家。14亿人口在这么短的时间内取得这种规模的进步，的确是史无前例的。

但是，我们也面临着诸如天价学区房频现、生育率下降、碳达峰和碳中和任务艰巨等问题，参考本书的思路和方法，也许我们也可以考虑适当地运用行为传染效应，借助庇古税和同伴影响的力量，让良好的消费习惯、环保行为、社交距离等在全社会传播并沉淀下来。

如果真能对于实现这个目标有些许助益，那么我能从事本书的翻译工作，也是一件意义非凡的好事。

龚咏泉
2023年于上海

未来，属于终身学习者

我们正在亲历前所未有的变革——互联网改变了信息传递的方式，指数级技术快速发展并颠覆商业世界，人工智能正在侵占越来越多的人类领地。

面对这些变化，我们需要问自己：未来需要什么样的人才？

答案是，成为终身学习者。终身学习意味着永不停歇地追求全面的知识结构、强大的逻辑思考能力和敏锐的感知力。这是一种能够在不断变化中随时重建、更新认知体系的能力。阅读，无疑是帮助我们提高这种能力的最佳途径。

在充满不确定性的时代，答案并不总是简单地出现在书本之中。"读万卷书"不仅要亲自阅读、广泛阅读，也需要我们深入探索好书的内部世界，让知识不再局限于书本之中。

湛庐阅读 App: 与最聪明的人共同进化

我们现在推出全新的湛庐阅读App，它将成为您在书本之外，践行终身学习的场所。

- 不用考虑"读什么"。这里汇集了湛庐所有纸质书、电子书、有声书和各种阅读服务。
- 可以学习"怎么读"。我们提供包括课程、精读班和讲书在内的全方位阅读解决方案。
- 谁来领读？您能最先了解到作者、译者、专家等大咖的前沿洞见，他们是高质量思想的源泉。
- 与谁共读？您将加入优秀的读者和终身学习者的行列，他们对阅读和学习具有持久的热情和源源不断的动力。

在湛庐阅读App首页，编辑为您精选了经典书目和优质音视频内容，每天早、中、晚更新，满足您不间断的阅读需求。

【特别专题】【主题书单】【人物特写】等原创专栏，提供专业、深度的解读和选书参考，回应社会议题，是您了解湛庐近千位重要作者思想的独家渠道。

在每本图书的详情页，您将通过深度导读栏目【专家视点】【深度访谈】和【书评】读懂、读透一本好书。

通过这个不设限的学习平台，您在任何时间、任何地点都能获得有价值的思想，并通过阅读实现终身学习。我们邀您共建一个与最聪明的人共同进化的社区，使其成为先进思想交汇的聚集地，这正是我们的使命和价值所在。

CHEERS

湛庐阅读 App 使用指南

读什么
- 纸质书
- 电子书
- 有声书

怎么读
- 课程
- 精读班
- 讲书
- 测一测
- 参考文献
- 图片资料

与谁共读
- 主题书单
- 特别专题
- 人物特写
- 日更专栏
- 编辑推荐

谁来领读
- 专家视点
- 深度访谈
- 书评
- 精彩视频

HERE COMES EVERYBODY

下载湛庐阅读 App
一站获取阅读服务

Under the Influence:Putting Peer Pressure to Work

Copyright © 2020 by Robert H. Frank

All rights reserved.

本书中文简体字版经授权在中华人民共和国境内独家出版发行。未经出版者书面许可，不得以任何方式抄袭、复制或节录本书中的任何部分。

版权所有，侵权必究

图书在版编目（CIP）数据

行为传染效应 /（美）罗伯特·弗兰克（Robert H.Frank）著；龚咏泉译. — 杭州：浙江教育出版社，2024.6
ISBN 978-7-5722-7702-3

Ⅰ. ①行… Ⅱ. ①罗… ②龚… Ⅲ. ①行为经济学—研究 Ⅳ. ①F069.9

中国国家版本馆CIP数据核字(2024)第076537号

浙江省版权局
著作权合同登记号
图字：11-2024-082号

上架指导：通俗经济学 / 管理

版权所有，侵权必究
本书法律顾问　北京市盈科律师事务所　崔爽律师

行为传染效应
XINGWEI CHUANRAN XIAOYING

［美］罗伯特·弗兰克（Robert H.Frank）　著
龚咏泉　译

责任编辑：洪　滔
美术编辑：韩　波
责任校对：高露露
责任印务：陈　沁
封面设计：ablackcover.com

出版发行：浙江教育出版社（杭州市环城北路 177 号）
印　　刷：天津中印联印务有限公司
开　　本：880mm×1230mm 1/32　　插　页：3
印　　张：11.375　　　　　　　　　字　数：218 千字
版　　次：2024 年 6 月第 1 版　　　印　次：2024 年 6 月第 1 次印刷
书　　号：ISBN 978-7-5722-7702-3　定　价：119.90 元

如发现印装质量问题，影响阅读，请致电 010-56676359 联系调换。